집중력
수업

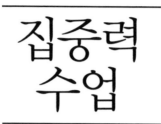

집중력
수업

윌리엄 워커 앳킨슨 지음

파주Books

성공의 첫번째 요건은
하나의 문제에
집중할 수 있는 능력이다.

무엇인가를 달성하기 위해서는 집중력이 필요합니다.

이는 누구나 알고 있는 사실입니다. 집중력을 갖는다는 것은 최고로 가치 있는 일입니다. 무슨 일에 있어서나 성공을 거두기 위해서는 지금 하고 있는 일에 모든 사고를 집중해야만 합니다.

처음에는 한 가지 일에 생각을 오랫동안 집중시키지 못한다 할지라도 낙담하지 마십시오. 처음부터 그렇게 할 수 있는 사람은 극소수에 불과합니다. 신기하게도 자신에게 도움이 되는 일보다도 도움이 되지 않는 일에 집중하는 것이 더 쉬운 법입니다. 하지만 그러한 경향은 의식적으로 집중력을 키우면 극복할 수 있습니다.

집중력을 키우기 위한 훈련을 매일 조금씩 실행하는 것만으로도 집중력이라는 뛰어난 힘을 곧 갖게 될 것이라는 느낌을 받을 수 있을 것입니다.

집중력을 갖게 되면 성공은 당신의 것이 됩니다. 왜냐하면 집중할 수 있는 사람은 건설적인 생각을 남김없이 활용하며, 파괴적인 생각이 자신에게 스며들지 못하도록 할 수 있기 때문입니다. 자신에게 도움이 되는 것만을 생각하는 능력에는 뛰어난 가치가 있습니다.

자신의 생각이 인생에서 얼마나 중요한 역할을 수행하고 있는지 생각해보신 적이 있습니까? 이 책을 읽으면 집중력의 크고 한없는 효과를 알 수 있습니다.

각 레슨은 전부 실용적인 내용입니다. 훈련법은 전부 제가 직접 시험해본 것들입니다. 훈련을 시작한 뒤의 진행법이 알기 쉽게 구성되어 있기 때문에 의욕이 생길 것입니다. 자신을 위해서 무엇을 할 수 있는가를 보여주는 훈련법입니다.

인간은 멋진 동물입니다. 하지만 의미 있는 존재가 되기 위해서는 단련하고, 능력을 신장시켜야만 합니다. 전력을 기울여서 의욕을 불태우기만 한다면 누구라도 훌륭한 일을 해낼 수 있습니다. 그러나 아무리 뛰어난 사람이라도 집중력과 노력이 부족하면 그 무엇도 달성할 수 없습니다. 제 아무리 조그만 사람이라 할지라도 정신의 집중력이라는 마법과도 같은 힘으로 스스로를 변화시키면 거인의 일을 해낼 수도 있습니다. 반대로 집중력이 부족한 거인은 조그만 일밖에 해내지 못합니다.

우리는 적성보다도 집중력에 의해서 더 많은 일을 달성합니다. 어떤 위치에 가장 적합한 것처럼 보이는 사람이 그 자리에서 반드시 최고의 일을 해내는 것은 아닙니다. 자신이 가지고 있는 모든 가능성에 집중하는 사람이 훌륭한 일, 훌륭한 인생을 창출하는 법입니다.

참된 전진은 틀림없이 당신의 노력 속에서 태어납니다.

이 책에 기술된, 사고를 집중하는 방법을 실행한다면 당신 속의 길이 열릴 것입니다. 그 길은 영원한 '신의 법칙'과 불변의 진실이 끊임없이 솟아나는 샘물과 연결되어 있습니다.

사람들은 제 각각 다르기 때문에 모든 사람들에게 같은 가치를 지닌 지시를 내리기란 불가능한 일입니다. 당신에게 필요한 '무엇'인가는 이 책에 명확하게 표현되어 있지 않을지도 모릅니다. 따라서 당신 나름대로 자신 속에 있는 무엇인가를 일깨우고 단련하는 방법으로 각 레슨을 활용하시기 바랍니다. 모든 행동과 사고를 정신력과 집중력을 가지고 행하시기 바랍니다.

이 책의 레슨을 충분히 활용하기 위해서 한 쪽을 읽을 때마다 책을 덮고 그 내용에 대해서 생각해보시기 바랍니다. 이런 방법으로 책을 읽어나가면 정신을 집중하는 습관이 몸에 배어 통상적인 속도로 읽어도 내용을 전부 기억할 수 있게 됩니다.

Concentration

Contents

LESSON

1

집중력이 있으면
길은 열린다

사람은 누구나
두 개의 자신을 가지고 있습니다.

　전진하려는 자신과 후퇴하려는 자신입니다. 어느 쪽의 자신에게 집중하고 기를 것인가에 따라서 최종적으로 어떤 자신이 되는가가 결정됩니다. 두 개의 자신 모두가 지배권을 장악하려 하고 있습니다. 이를 결정하는 것은 오직 의지입니다. 의지의 힘을 가지고 숭고한 노력을 해온 사람은 화려한 커리어를 손에 넣게 되며, 기적이라고도 할 수 있는 일을 이루어냅니다.

　당신이 그 사람일지도 모릅니다. 그렇게 되고 싶다는 강한 의지를 불태우면 틀림없이 그렇게 될 수 있습니다. '의지'는 길을 찾아내고, 길이 없으면 길을 만드는 법이기 때문입니다.

　평범하기 짝이 없는 나날을 보내던 사람이 어느 날 갑자기 혼수상태에서 깨어난 것처럼 자신 속에 있던 가능성을 키우기 시작, 전혀 다른 사람으로 거듭나는 경우가 있습니다. 그런 사람들의 예는 책 한 권을 간단히 쓸 수 있을 만큼 알고 있습니다. 인생의 전환점을 마련할 수 있는 것은 당신 자신 이외에 아무도 없습니다. 신성한 자신에게 지배권을 줄 것인지, 야만스러운 자신에게 지배권을 줄 것인지를 선택하는 것입니다.

하고 싶지 않은 일을 할 필요는 없습니다. 따라서 강하게 소망하면 누구나 자기 인생의 연출가가 될 수 있습니다. 우리의 행위는 훈련의 결과입니다. 인간은 반죽처럼 부드럽기 때문에 자신의 의지의 힘으로 어떤 모양으로든 만들어갈 수 있는 법입니다.

습관은 후천적으로
몸에 배는 것입니다.

'저 사람이 저런 행동을 하는 건 당연한 일이야. 유전이거든.' 이라고 말하는 사람이 있습니다. 즉, 그 사람은 아버지가 하던 대로 하고 있을 뿐이라는 말입니다. 그런 경우도 많기는 하지만 '자신의 의지로 움직이는 것'을 마스터한 순간 습관에서 벗어날 수 있는 법이니 핑계가 될 수는 없습니다. 지금까지 '아무 짝에도 쓸모없는 인생' 을 보내던 사람이 한순간 훌륭한 인물로 가는 길을 걷기 시작하는 경우가 있습니다.

나이 든 사람들조차도 갑자기 변해서 놀랄 만큼 커다란 위업을 이루어 냅니다. '기회를 놓쳐버렸다.'고 말하는 사람이 있습니다. 정말로 그럴지도 모릅니다. 하지만 의지의 힘을 전부 짜내면 또 다른 기회의 길을 찾아낼 수 있습니다. '기회는 한 번밖에 찾아오지 않는다.'는 속담은 잘못 된 것입니다. 정확히는, 기회가 우리를 찾아오는 것이 아니라 우리가 기회를 찾아내는 것입니다.

누군가에게 기회가 되는 일은 대부분 다른 누군가의 패배를 의미합니다. 지금은 두뇌경쟁 시대입니다. 신속한 두뇌회전이 결과를 결정짓는 경우가 많습니다. 어떤 사람이 '이것을 해야겠다.'고 생각했습니다. 그리고 실행을 차일피일 미루는 동안 다른 사람이 일을 진전시켜 실행에 옮겼습니다. 두 사람 모두 똑같은 기회를 잡았음에도 한 사람은 '기회를 놓쳤다.'고 한탄을 하게 됩니다. 그러나 그는 그 경험을 통해서 무엇인가를 배워야 하며, 성공으로 가는 길을 찾고 있는 사람이라면 반드시 배워야만 합니다.

좋은 책을 읽고서도 그다지 얻은 게 없다고 말하는 사람들이 많습니다. 그런 사람들은, 그 어떤 책이나 강좌도 할 수 있는 것이라고는 그 사람의 가능성이 눈을 뜨게 하는 일일 뿐이라는 사실을 깨닫지 못한 것입니다. 의지의 힘을 사용하도록 자극하는 것이 책의 역할입니다. 어떤 사람에게 이 세상이 끝날 때까지 무엇인가를 가르쳤다 할지라도, 그 사람이 익힌

것은 자신이 배운 것이 전부일 뿐입니다. '사람을 우물로 데려갈 수는 있지만 물을 마시게 할 수는 없다.'는 속담 그대로입니다.

내가 알고 있는
가장 효과적인 훈련이란?

모든 사람, 모든 것에서 장점을 찾아내는 것입니다. 장점은 세상 만물 어디에나 존재하기 때문입니다. 상대방이 가지고 있는 좋은 면으로 시선을 돌린다는 것은 그 사람에게 용기를 심어주는 동시에 나 자신에게도 도움이 되는 일입니다. 선량한 생각이라는 상대방의 귀중한 재산을 손에 넣게 되는 경우도 있기 때문입니다. 내가 베푼 것이 다시 내게로 되돌아옵니다. 사람은 누구나 격려와 지지를 필요로 하는 때를 맞이하게 됩니다. 타인을 격려하는 습관을 들이면 상대방과 자신 모두에게 힘이 솟아난다는 사실을 알게 됩니다. 왜냐하면 힘이 솟아나게 하는 고양된 사고가 자신에게 되돌아오기 때문입니다.

인생은 우리에게 향상할 수 있는 기회를 제공합니다. 하지만 향상할 수 있느냐 없느냐는, 자신이 본연의 모습에 얼마나 접근했느냐에 따라서 결정됩니다. 한 달에 하루는 얼마나 성장했는지 가만히 되돌아보는 시간을 갖도록 합시다. 만약 '본연의 모습'에 도달하지 못했다면 그 이유를 찾아내, 다음에는 더욱 노력을 기울여 필요한 것을 달성해야 합니다. 계획에 실행이 따라주지 못하면, 그 시간은 영원히 잃어버리게 되는 것이니 그때마다 헤아릴 수 없는 손실을 입게 됩니다. 늦어진 이유는 있을지 몰라도 대부분은 행동을 하지 않았다는 것에 대한 변명에 불과합니다.

대부분의 일은 가능합니다. 가혹한 과제일지는 몰라도 주어진 일이 가혹할수록 그에 대한 보답도 큰 법입니다. 우리를 성장시키는 것은 어려운 일입니다. 조금만 노력을 기울이면 할 수 있는 일, 거의 능력을 필요로 하지 않는 일은 달성을 해도 얻는 것이 매우 적습니다. 따라서 어려운 과제에 겁을 먹어서는 안 됩니다. 어려운 과제 한 가지를 해내서 얻은 것은, 쉬운 과제 열 가지에 성공을 해서 얻은 것보다 훨씬 더 큰 법입니다.

적극적으로 대가를 치르는 사람은 성공하는 법입니다.

대가라고 해서 돈을 말하는 것이 아닙니다. 노력을 말하는 것입니다. 성공을 위해 없어서는 안 될 가장 중요한 요소는 무엇인가를 해내고 싶다, 뛰어난 인물이 되고 싶다는 소망입니다. 다음은 그 방법을 배우는 것.

그리고 그 다음은 그것을 실행에 옮기는 것입니다.

무엇인가를 이룰 가능성이 가장 높은 사람은 넓은 시야를 가진 사람입니다. 특정 분야의 한정된 지식이 아니라 모든 분야에서 어떤 가치를 가지고 있는 지식을 몸에 익힌 사람입니다. 즉, 성공하고 싶으면 폭넓은 교양을 쌓아야 합니다. 익힐 수 있는 지식은 전부 익혀서 자신이 하고 있는 일의 일부분만이 아니라, 구석에서 구석에 이르기까지 전부에 통달해야 합니다. 성공을 거두는 사람은 그런 사람입니다.

성공의 비결은, 자신이 서 있는 자리나 지위에 관계없이 언제나 향상심을 잊지 않는 것입니다. 배울 수 있는 것은 전부 배우기 바랍니다. 나는 이것밖에 할 수 없다가 아니라, 나는 이것도 할 수 있다고 생각하도록 하십시오. 그런 사람은 '실력 있는 사람'이라는 평가를 얻어 여기저기서 서로 데려가려고 덤벼들 것입니다. 힘이 있는 회사는 무슨 수를 써서라도 실력 있는 사원을 놓치지 않으려 하기 때문에 일이 없어서 고생하는 경우는 없을 것입니다.

최고의 자리에 오를 수 있는 것은 강한 의지와 용기를 가진, 몸을 아끼지 않고 일하는 사람입니다. 겁이 많고 자신감이 없으며 일 처리가 늦은 사람이 아닙니다. 확실한 실력을 가지고 있지 못한 사람이 책임과 권한이 있는 자리에 앉게 되는 경우는 거의 없습니다. 선택을 받는 것은 어떤 일을 실행하여 어떤 성과를 낸 사람, 혹은 자신의 부서를 통솔해온 사람입니다. 심혈을 기울여서 일을 한다는 평판이 있으며, 지금까지 용기와 결단력이 있다는 사실을 증명해왔기 때문에 그 위치에 선택되는 것입니다.

이것이 성공하는 사람의 조건입니다.

중요한 시기에 선택을 받는 것은 대부분 천재가 아닙니다. 재능은 다른 사람들과 다를 바 없지만 끊임없이 집중해서 노력해야만 성과를 얻을 수 있다는 사실을 알고 있는 사람입니다. 비즈니스에서는 '기적'이 그렇게 자주 '일어나지 않는다.'는 사실을 알고 있는 사람입니다. 그런 사람은 기적을 일으키는 유일한 방법은, 하나의 계획을 포기하지 않고 끝까지 밀어붙이는 것이라는 사실을 알고 있습니다. 성공하는 사람과 실패하는 사람의 차이는 오직 그것뿐입니다. 성공하는 사람은 일의 완성을 예감하는 습관을 가지고 있으며, 언제나 성공을 확신하고 있습니다. 실패하는 사람은 일의 실패를 상상하는 습관을 가지고 있으며, 그렇게 예측하고 실제로 실패를 불러들입니다.

적절한 훈련만 하면 누구나 성공할 수 있다는 것이 제 지론입니다. 너무나도 많은 남녀가 재능과 역량을 가지고 있으면서도 그것을 낭비하고 있으니 참으로 안타까운 일입니다. 언젠가 억만장자 자선사업가가 패배자들을 위한 훈련학교를 개설하는 것을 보고 싶습니다. 그것 이상으로 돈을 유효하게 사용하는 길도 없다고 단언할 수 있습니다.

자신에 대해서 정열을 불태우지 못하게 된 사람, 병 때문에 의지가 약해진 사람, 불행이나 재난 때문에 희망을 잃어버린 사람들을 찾아서 도와주면 좋을 것입니다. 그들에게 필요한 것은 다시 일어서는 것을 돕는 조그만 손길인데, 그와는 반대로 대부분은 땅바닥에 내팽개쳐집니다. 그 때문에 그들의 잠재적인 능력이 성장하지 못하고 그들 자신도 세상의 패배자가 되어버리는 것입니다.

머지않은 미래에 누군가가 틀림없이 의욕을 잃은 사람들을 일깨우기 위해서 재산을 바칠 것이라고 생각됩니다. 그들 속에는 무한한 능력이 있기 때문에, 활용하려고 마음만 먹는다면 언제라도 도움이 된다는 그 사실만을 깨닫게 해주면 되는 것입니다. 절망에 빠져 있는 기분을, 다시 한 번 자신을 되찾고 싶다는 희망으로 바꿔주기만 하면 되는 것입니다.

어쨌든 한걸음
내딛읍시다.

요즘 세상에서 의욕을 잃은 사람은 의지의 힘으로 자기 자신을 구제하지 않으면 안 됩니다. 마음에 힘이 되는 격려나 충고는 기대할 수 없을 것입니다. 대부분은 스스로 올바른 길로 되돌아가지 않으면 안 됩니다. 에너지를 헛되이 낭비하지 말고 커리어를 쌓는 일에 관심을 기울여야 합니다. 나약해지기 쉬운 마음을 극복할 수 있는 것은 자기 자신밖에 없습니다. 타인의 도움을 기대해서는 안 됩니다. 기운을 내서 무슨 일이 있어도 자신의 나약함과 악습을 극복하겠다고 굳게 결심하도록 합시다. 다른 누구도 당신을 대신 해줄 수는 없습니다. 그들이 할 수 있는 것이라고는 당신을 격려하는 일뿐입니다.

누구나 무엇인가를 하고 싶다는 강한 소망을 품고 있지만 그것을 실현하는 데 필요한 희생을 치르려고 하는 사람은 매우 적습니다. 어떤 일을 해내는 방법은 한 가지밖에 없습니다. 어쨌든 한걸음 내딛어 그것을 시작하는 것입니다. 목표 실현에 집중해서 그 무엇도 방해하지 못하도록 하며 앞으로 나간다면 무슨 일이든 실현할 수 있다고 말할 수 있는 시대입니다.

마음속으로 바라고 있는 일의 실현에 전념하는 사람은 장애를 쉽게 극복할 수 있는 법입니다. '커다란 사람' 일수록 장애가 작게 보이며, '조그만 사람' 일수록 장애는 크게 보입니다. 언제나 장애를 극복함으로 해서 얻어지는 것으로 시선을 돌리면 극복에 필요한 용기가 솟아오르는 법입니다.

　언제나 평화로운 항해가 계속된다고는 장담할 수 없습니다. 바다가 거칠어질 때도 있을 것입니다. 그러나 바다가 거칠어졌다고 해서 물러나서는 안 됩니다. 계속해서 항해를 합시다. 폭풍을 어떻게 극복하는가로 당신이라는 사람의 자질을 알아볼 수 있습니다. 바다가 거칠어졌다고 징징거리지 말고 그때까지 순조로웠던 항해의 쾌적함을 생각하도록 합시다. 눈 앞에 펼쳐진 바다를 기쁨의 시선으로 바라봅시다.

　한 번 넘어졌다고 해서 멈춰 서서는 안 됩니다. 결승점에 도달하기까지 극복해야 할 장애물 중 하나에 지나지 않는다고 생각하시기 바랍니다.

LESSON

2

집중력으로 익히는
셀프컨트롤

인간은 본래의 모습에
아직 도달하지 못했습니다.

　왜냐하면 자제력, 즉 집중력을 스스로 관리하는 힘이라는 당연히 지니고 있어야할 것을 지니고 있지 못하기 때문입니다. 대부분의 사람들이 자제심을 기르기 위한 훈련을 하고 있지 않습니다. 그런데 안정된 성격을 가진 사람은 예외 없이 정신과 육체 모두에 영향을 주는 마음의 작용을 설계하고, 관리하고, 집중할 수 있는 능력을 가지고 있습니다.

　사람은 자신의 사고뿐만 아니라 몸의 움직임도 컨트롤하는 법을 배워야만 합니다. 자제하는 기능을 훈련하지 못한 상태에 있으면 그 사람의 충동이나 격정, 감정, 사고, 행동, 습관을 조절할 수 없기 때문에 정신의 집중이 잘 되지 않습니다. 그 이유로는 자율신경의 작용이 떨어진다는 점을 들 수 있지만 그 외에도 마음이 올바로 훈련되지 않았다는 점도 생각해볼 수 있습니다.

자제능력이 발달되어 있지 않으면 충동, 식욕, 감정, 격정 등이 제멋대로 작용하기 때문에 그 사람의 행동은 충동적이고 차분하지 못한, 감정적이고 불규칙적인 것이 되어버리고 맙니다. 이것이 정신의 집중력이 떨어지는 원인입니다.

자기 관리기능이 충분하게 발달하지 못한 사람은 정신 집중력이 늘 결여되어 있습니다. 따라서 집중에 없어서는 안 될 능력을 키울 때까지는 집중력을 자신의 것으로 만들 수는 없습니다. 집중력이 떨어지는 사람은 다음 중 어느 하나가 그 원인일 것입니다.

⑴ 운동야(대뇌피질에서 운동을 조절하는 기능을 가진 부분)의 결함.

⑵ 충동적이고 감정적인 마음.

⑶ 훈련되지 못한 마음.

마지막 항목은 체계적으로 단련함으로 해서 바로 해결할 수 있습니다. 가장 간단하게 교정할 수 있는 결점입니다.

두 번째로 든 충동적이고 감정적인 정신상태를 고치는 최적의 방법은 분노, 격정, 흥분, 증오, 강한 충동, 긴장된 감정, 초조함 등을 억제하는 것입니다. 감정이 이와 같은 격한 상태 중 어느 하나에라도 놓이게 되면 집중을 할 수 없게 됩니다.

흥분상태는 일정한 종류의 음식물을 피함으로 해서 자연스럽게 억제할 수 있습니다. 신경을 쇠약하게 만드는, 혹은 자극하는 음식, 격정이나 충동이나 감정을 불러일으키는 경향이 있는 음식입니다. 또한 성격이 안정되어 있고 차분하며 억제심이 있는 신중한 사람을 관찰하고 사귀는 것은 더할 나위 없이 좋은 훈련이 됩니다.

첫 번째로 든 대뇌피질의 결함을 고치는 것은 나머지 두 가지 경우보다 힘이 듭니다. 뇌가 개발되어 있지 않아 의지의 힘이 부족하기 때문입니다. 이것을 고치는 데는 시간이 걸립니다.

사람은 왜 집중하지 못하는 걸까요?

소극적인 정신상태에 빠지는 것을 집중 상태라고 생각하는 사람들이 많은데 그것은 착각입니다. 명상 상태라고 할 수 있을지는 몰라도 집중 상태는 아닙니다. 언제나 소극적인 정신상태에 있는 사람들은 대부분 제대로 집중하지 못하고 멍한 상태에 있게 됩니다. 집중력이 떨어져 어떤 일에도 집중하지 못하게 됩니다.

집중을 위해서는 강한 의지가 필요합니다. 우유부단한 사람은 의지가 약하기 때문에 정신을 집중하지 못하는 것입니다. 특정 화제나 사고에 초점을 맞추지 못하는 마음은 약한 것이며, 마찬가지로 어떤 화제나 사고에서 벗어나지 못하는 마음도 약한 것입니다. 반대로 어떤 내용, 어떤 문제에도 마음을 집중, 조화를 깨는 생각을 내몰 수 있는 사람은 강한 마음을 가지고 있습니다. 집중력이란 처음부터 끝까지 강한 마음을 유지하는 것입니다.

사람은 집중을 통해서 정신적, 육체적 에너지를 집결, 에너지가 작동하는 상태를 지속시킬 수 있습니다. 집중 상태가 되면 생각이나 언어, 행동, 계획으로 주의를 돌릴 수 있습니다. 마음이 이쪽저쪽으로 오가는 사람은 결코 세상에서 많은 것을 이룰 수 없습니다. 에너지를 낭비하는 사람입니다. 그저 멍하게 일하고, 생각하고, 이야기하고, 행동하고, 초점을 맞춰야 할 문제에서 별 관계없는 일로 두뇌를 옮겨가면 집중할 수 없을 것입니다. 집중이란, 당신이 '나는 집중하고 싶다, 집중할 수 있다, 집중한다.' 고 말한 순간부터 시작되는 것입니다.

중요한 것은
차분한 마음입니다.

선정적인 소설이나 하찮은 신문 기사를 읽으며 시간을 낭비하면 충동이나 감정을 관장하는 기관이 자극을 받기 때문에 집중력이 떨어지게 됩니다. 자신을 성공으로 데려가는 열차의 뛰어난 기관사는 될 수 없습니다.

정신의 집중력은, 자기 자신을 자세하게 관찰해야만 비로소 신장시킬 수 있습니다. 어떤 종류의 발달이든 면밀한 관찰에서 시작하는 법입니다. 자신의 사고나 감정 하나하나를 조정해야만 합니다. 자기 자신과 자신의 행위, 그리고 타인의 행위를 관찰하기 시작하면 자율기관을 사용하게 되는데 그것을 계속하면 자율능력이 향상되어 머지않아 자신의 사고와 소망과 계획 모두를 인도할 수 있게 됩니다. 눈앞의 일에 의식적으로 마음의 초점을 맞추는 능력이 집중을 가능하게 합니다. 그런데 초점을 맞출 수 있는 것은 '훈련된 마음' 뿐입니다. 생각을 한 가지 일에 머물게 하고 모든 기관이 그 생각을 음미할 시간을 부여하는 것이 집중입니다.

자신의 사고, 소망, 계획, 결의, 사안을 관리하지 못하는 사람이 최고의 성공을 거둘 수 있을 리 없습니다. 감정이 격해졌다 싶다가 다시 순간적으로 냉정을 되찾는 사람은 올바로 자신을 통제하지 못하는 사람입니다. 자기 마음의 주인도 아니며 사고나 감정, 소망의 주인도 아닙니다. 그런 사람은 성공하지 못합니다. 자신이 초조함을 느끼면 타인까지 초조하게 만들기 때문에 열심히 노력하고 있는 관계자의 기회를 엉망으로 만들어 버립니다.

하지만 집중된 방법으로 에너지를 관리하고 그렇게 작동하는 상태를 유지할 수 있는 사람은 자신의 일과 행동 모두를 컨트롤하고, 그 결과 다른 사람을 컨트롤할 수 있는 힘까지도 손에 넣게 됩니다. 자신의 모든 행동을 의의 있는 목적을 가진 것으로 만들고, 모든 사고를 숭고한 목적을 가진 것으로 만들 수 있는 사람입니다.

요즘과 같은 시대에서 감정이 격한 사람은 바람직하지 못한 인물이라고 봐야 합니다. 교양이 있는 사람은 신중하게 천천히 이야기합니다. 그리고 침착한 언행을 더욱 갈고 닦습니다. 의식적으로 마음을 집중하고, 한 번에 한 가지 일에 마음을 쏟습니다. 그 이외의 것은 머릿속에서 몰아냅니다. 누군가와 이야기할 때는 모든 주의력을 그 사람에게 쏟아 부어야 합니다. 주의력이 흐트러지거나 다른 곳으로 향해서는 안 됩니다. 다른 일에 마음을 빼앗기지 말고 의지와 지성을 동시에 활용하는 것입니다.

냉정할수록
집중력은 높아집니다.

아침에 일어나서 그날 하루, 얼마나 냉정함을 유지할 수 있는지 시험해 보시기 바랍니다. 때때로 자신의 행동 일람표를 만들어서 마음먹은 일을 잘 지키고 있는지 체크합시다. 지키고 있지 못하다면 내일은 지키도록 하십시오. 냉정할수록 집중력은 높아집니다. 결코 당황해서 행동하지 않도록, 그리고 집중력을 높이면 자신의 가능성도 높아진다는 사실을 잊지 마시기 바랍니다. 집중이란 곧 성공입니다. 자신을 컨트롤하고 마음을 한 점에 고정시키는 능력을 갈고닦으면 눈앞의 일에 몰두하는 진지함이 증가하기 때문에 그 결과 성공의 기회가 반드시 늘어나게 됩니다.

다른 사람과 이야기할 때도 당신 자신의 생각을 머릿속에 넣어두시기 바랍니다. 이야기하고 있는 것의 의미에 자신의 힘을 집중시키는 것입니다. 상대방의 일거수일투족을 관찰하면서도 자신의 생각은 늘 머릿속에서 떠나지 않도록 해야 합니다. 그렇게 하지 않으면 에너지를 헛되이 사용하게 되어, 원래는 달성할 수 있는 일까지도 달성하지 못하게 됩니다.

강한 개성과 정신력을 가진 사람이라는 평가를 얻고 있는 사람을 만나면 유심히 관찰하도록 하십시오. 그 사람이 자신의 몸을 완벽하게 컨트롤하고 있다는 사실을 알 수 있을 것입니다. 다음으로 아주 평범한 사람을 관찰해보도록 하십시오. 눈의 움직임, 팔이나 손가락의 움직임을 통해서 에너지가 무의미하게 낭비되고 있다는 사실을 알 수 있을 것입니다. 이와 같은 움직임은 모두 중요한 세포를 파괴하여 생명유지에 필요한 기관과 신경의 관리능력을 떨어트립니다. 육체의 활력을 유지하는 것만큼 신경의 힘을 유지하는 것도 중요한 일입니다.

순조롭게 선로를 달리고 있는 기관차를 예로 들어보겠습니다. 누군가가 밸브를 전부 열어버리면 기관차는 멈춰버립니다. 당신에게도 그와 같은 일이 일어날 수 있습니다. 자신의 수증기를 최대한으로 사용하고 싶다면 밸브를 닫아 정신력이라는 수증기를 낳는 힘을 한 가지 목적에만 쏠리도록 해야 합니다. 한 가지 목적, 한 가지 계획, 한 가지 안건에만 모든 마음을 돌리는 것입니다.

흥분만큼 신경의 힘을 빨리 소진케 하는 것도 없습니다.

화를 잘 내는 사람이 타인을 끌어당기지 못하는 것은 그런 이유에서입니다. 타인의 동경의 대상이 되지도, 사랑을 받지도 못합니다. 참된 신사가 가지고 있는 뛰어난 자질을 익히려 들지도 않습니다. 화와 빈정거림, 흥분은 그와 같은 방향으로 사람을 쇠약하게 만듭니다. 자신을 쉽게 흥분 상태에 놓는 사람은 신경의 힘과 에너지를 소진, 결국에는 불안정한 정신 상태에 빠지게 됩니다. 자신을 컨트롤하여 흥분을 자제하지 못하는 사람은 집중하지 못합니다.

마음을 올바로 집중시켰을 때, 미세한 세포 하나하나의 에너지는 모두

하나의 길을 향해서 흘러 인간으로서의 강한 매력을 낳습니다. 사람은 누구나 진동하는 조그만 세포를 무수히 가지고 있으며, 모든 세포의 중심에서는 생명력과 에너지가 발생, 축적되고 있습니다. 그 에너지를 낭비하지 않고 유지하며 컨트롤 할 줄 아는 사람은 영향력이 있는 사람입니다. 반대의 경우는 사람들에게 영향을 주지도 못하고, 성공을 거두지도 못합니다.

회색 뇌 속의 신경단위는 그 하나하나가 사고와 행동의 중추로 어떤 종류의 지적인 힘을 송출하고 있습니다. 그리고 그와 같은 힘과 당신의 사고와 움직임이 정연하고 차분한 집중 상태에 있는 마음에 의해서 연결되었을 때 사람을 끌어당기는 매력과 넘치는 생명력, 건강이라는 성과가 태어납니다.

근육, 뼈, 인대, 손, 발, 신경 등은 모두 뇌가 내리는 지령을 수행합니다. 의지를 결정하는 기관이 가진 목적은 오직 한 가지입니다. 사방으로 뻗어 있는 신경과 근육을 따라서 에너지를 이동시켜 몸을 움직이게 하는 것입니다. 따라서 이와 같은 지시와 충동, 사고, 감정, 전신의 움직임 그리고 신체 각 부위를 자신의 의지로 컨트롤함으로 해서 자기억제능력을 향상시킬 수 있습니다. 그것에 성공하는 정도와 집중력의 개발은 서로 비례하는 것입니다.

일할 때는 최선을 다해서 일하고,
놀 때는 최선을 다해서 놉시다.

이것이 나의 신조입니다. 오락을 즐길 때는 오락 이외의 것을 머릿속에서 몰아냄으로 해서 집중력을 높일 수 있습니다. 사랑에 대해서 생각할 때는 사랑에 대해서만 생각하면 지금까지는 경험하지 못했던 농밀한 사랑을 키울 수 있습니다.

마음을 '참된 자신'과 그 빛나는 가능성에 집중시키면 집중력이 생길 뿐만 아니라 자신에 대한 평가도 높아집니다. 이것을 체계적으로 행함으로 해서 커다란 힘을 기를 수 있습니다. 왜냐하면 눈앞의 일에 집중하지 않고는 체계적으로 행할 수 없기 때문입니다.

매일 아침 일정한 시간에 출근을 한다면 당신은 안정된 습관을 들인 것이며, 체계적으로 행동을 하는 것입니다. 어떤 날 아침에는 정시에 출근하고, 다음 날에는 조금 지각을 하고, 그 다음 날에는 조금 더 늦게 출근하는 것과 같은 행동을 습관으로 들인 사람은 집중하고 있는 것이 아닙니다. 어떤 생각에 마음을 고정시켜 일정한 간격을 두고 그 상태를 유지할 때마다 당신은 집중력을 키우고 있는 것입니다.

어떤 선택한 대상에 계속해서 마음을 향하면 카메라의 렌즈가 풍경에 초점을 맞추는 것처럼 당신의 주의가 한 점으로 모이게 됩니다. 따라서 무슨 일이든 자신이 하고 있는 일에 마음이 머물도록 하는 것이 중요합니다. 자기 자신에게 주의 깊은 시선을 던집시다. 그렇게 하지 않으면 진보는 요원한 것이 되어버리고 맙니다.

호흡을
컨트롤합시다.

깊고 길게 숨을 들이마시는 훈련을 합시다. 단순히 건강만을 위해서가 아닙니다. 물론 건강은 소중한 것이지만, 힘과 사랑과 인생을 더욱 향상시키려는 목적을 위해서이기도 합니다. 이와 같은 연습은 모두 당신의 진보에 도움이 됩니다.

근육 단련으로 집중력을 기르다니 말도 안 되는 소리라고 생각할지도 모르겠습니다. 하지만 마음은 근육, 신경과 연결되어 있다는 사실을 잊지 마시기 바랍니다. 신경과 근육을 강화하면 마음도 강해집니다. 그러나 신경이 혼란스러워지면 마음이 불안정해져서 당신은 관리하는 힘, 다시 말하자면 집중력을 잃게 됩니다. 이러한 사실들로 신경과 근육을 안정시키는 훈련이 집중력을 기르는 데 얼마나 중요한 일인지 아셨을 것입니다.

사람은 누구나 끊임없이 여러 가지 자극을 받습니다. 만약 인생을 성공시키고 싶다면 그 자극을 관리하고 컨트롤해야만 합니다. 바로 그렇기 때문에 사람은 눈이나 발, 손가락의 움직임을 컨트롤할 필요가 있는 것입니다.

호흡을 컨트롤하는 것이 중요한 것도 같은 이유에서입니다. 시간을 들여서 깊고 길게 숨을 내쉬는 것에는 뛰어난 효과가 있는데 혈액 순환, 심장의 활동 그리고 근육과 신경을 안정시켜줍니다. 심장의 고동이 불규칙할 때, 혈액 순환이 정상이 아닐 때, 폐의 활동이 일정하지 않을 때는 마음이 불안정해져서 집중력을 발휘하기에 적절하지 않은 상태가 되어버립니다. 그렇기 때문에 호흡을 컨트롤하는 것은 육체적인 건강을 위한 기초로 매우 중요한 것입니다.

마음뿐만 아니라 눈과 귀, 손가락의 움직임에도 집중해야만 합니다. 그와 같은 신체의 각 부분에는 전부, 당신이라는 리더에 의해 컨트롤 되어야만 하는 조그만 '마음'이 깃들어 있습니다. 이런 사실들을 완전하게 이해한다면 진보는 훨씬 빨라집니다.

중요 인물이라고 불리는 사람들을 만나보거나 전기를 읽어보면, 그들은 상대방에게 이야기를 하도록 한다는 사실을 알 수 있습니다. 타인의 이야기를 듣는 것보다도 자신이 이야기하는 편이 훨씬 더 간단한 법입니다. 누군가 이야기하고 있을 때 주의 깊게 관찰하는 것은 집중력 향상을 위해 더할 나위 없이 좋은 훈련입니다. 상대방이 이야기하는 내용을 통해서 배울 수 있는 것은 물론 정신적으로도 육체적으로도 집중력을 기를 수 있습니다.

사랑에 대해서
좀 더 생각해보지 않으면 안 됩니다.

악수를 할 때는, 내 손에는 헤아릴 수도 없이 많은 마음이 깃들어 있으며 그 하나하나가 독자적인 지성을 가지고 있다고 생각하도록 하십시오. 그런 느낌을 담아서 악수를 하면, 악수에 당신의 인격이 나타나게 됩니다. 서두르는 듯한 악수는 소심함과 인간미의 결여를 나타냅니다. 어색하게 힘이 들어가지 않는 악수를 하는 사람은 사랑과 정열이 부족하기 때문에 사람을 끌어당기는 매력도 없습니다.

이와는 대조적인 악수를 하는 사람은 성질도 악수 그대로입니다. 사랑이 없는 사람은 매력이 없으며 그것이 악수에 나타납니다. 인격을 도야한 두 사람이 악수를 할 때 가볍게 손을 쥐는 경우는 없습니다. 두 개의 전류가 만나서 서로가 몸이 떨려오는 것을 느끼게 됩니다. 사랑이 음과 양의 성질을 지닌, 정반대되는 전류를 불러일으킵니다.

사랑이 없으면 인생은 빛을 잃어버립니다. 사랑이 눈을 뜨게 되면 그것은 바로 손에 나타납니다. 악수의 기술을 연구해서 사람에 대한 친애의 정을 길러나가야 할 필요가 바로 거기에 있습니다. 사람을 사랑하는 사람의 악수에는 사랑이 나타나며, 증오하는 사람의 악수에는 증오가 나타납니다. 성격이 일그러졌으며 악의와 추한 감정으로 가득한 사람은 정신 상태가 불안정하고 마음에 기복이 있습니다. 화가 났을 때 자신이 어떤 호흡을 하고 있는가를 관찰해보면 중요한 사실을 알 수 있습니다.

행복을 느낄 때와 미움을 품고 있을 때의 호흡을 관찰해보시기 바랍니다. 세상과 사랑에 빠진 것 같은 기분이 들고 숭고한 감정으로 몸이 떨려올 때 어떤 호흡을 하는지 관찰해보시기 바랍니다. 선량한 생각으로 가득 넘쳐날 때, 사람은 폐 속으로 한껏 산소를 들이마시며 마음은 사랑으로 넘쳐납니다. 사랑은 육체적, 정신적, 사회적으로 인간을 성장시킵니다. 즐거울 때 크게 심호흡을 하면 생명력과 강인함이 몸에 뱁니다. 마음이 안정되고 집중력이 높아져서 사람을 끌어당기는 힘을 가진 존재가 될 수 있을 것입니다.

인생을 최대한 맛보면서 사랑에 대해서도 좀 더 생각을 해야만 합니다. 무엇인가에 대해서 진심으로 애착을 품지 않는 한 풍부한 정서도, 부드러운 인격도, 사람을 끌어당기는 매력도 태어나지 않습니다. 의지의 힘으로 애정을 일깨워서 지금보다 더욱 풍성한 인생의 문으로 들어가도록 합시다.

사랑이 깃든 손은 반드시 사람을 끌어당기지만 안정되고 제어된 상태가 아니면 안 됩니다. 사랑은 악수 속에 응축시킬 수 있으며 그것은 사람을 움직이는 가장 좋은 방법입니다.

조급해졌다고
느껴질 때

의지의 힘으로 느긋하게 기다리도록 노력합시다. 이는 셀프 컨트롤을 위한 훌륭한 연습이 됩니다. 천천히 깊게 호흡을 하면 느긋한 마음을 갖기 쉬워집니다. 말이 빨라졌다는 사실을 깨달았다면 자신을 컨트롤해서 천천히, 또박또박 말하기만 하면 되는 것입니다. 언성을 높일 필요도 없고, 반대로 소리를 죽일 필요도 없고 단지 그와 같은 평정 상태를 유지하기만 하면 된다는 결의에 집중하면 당신의 집중력은 향상될 것입니다.

중요한 인물 앞에 섰을 때는 침착한 태도를 취해야 한다는 사실을 언제나 명심하시기 바랍니다. 그리고 상대방과 자기 자신, 양쪽을 관찰하도록 합시다. 정적 운동(근육의 수축과 이완을 반복하여 몸을 규칙적으로 움직이는 '동적 운동'에 대해서, 유도나 씨름 등에서 상대방과 대치할 때처럼 근육은 수축되지만 움직임은 적은 운동)은 운동야를 자극하여 집중력을 향상시킵니다. 초조해지거나 불안감, 무력증에 휩싸였을 때는 가슴을 펴고 똑바로 서서 힘차게 숨을 들이쉬면 초조함이 사라지고 조용한 평온이 찾아옵니다.

신경질적이고 성급한 사람들과 사귀는 경향이 있는 사람은 집중력을 충분히 키울 때까지 교제를 끊도록 합시다. 성급하고, 화를 잘 내며, 성격이 까다롭고, 독단적이고, 불쾌감을 주는 사람들은 당신이 가지고 있는 저항력을 약하게 하기 때문입니다.

귀, 손가락, 눈, 발의 자제력을 향상시켜주는 훈련은 모두 마음을 차분하게 하는 데 효과가 있습니다. 눈이 안정되어 있을 때는 마음도 안정됩니다. 사람을 알기 위한 좋은 방법 중 하나는 그 사람의 몸의 움직임을 관찰하는 것입니다. 행동을 관찰하는 것은 마음을 관찰하는 것이기 때문입니다. 행동은 마음이 밖으로 표출된 것입니다. 즉, 마음은 그대로 행동이 되는 것입니다. 마음이 차분하지 못할 때, 초조함을 느끼거나 불안정할 때는 행동도 마음과 똑같아지게 됩니다. 행동이 냉정하다면 마음도 냉정한 것입니다. 집중력이란 마음과 몸을 컨트롤하는 것입니다. 어느 한쪽을 컨트롤하지 못하면 다른 한쪽도 컨트롤하지 못합니다.

정신적으로나 육체적으로 에너지가 부족한 사람은 그것을 키울 필요가 있습니다. 에너지는 있지만 한 가지 대상을 향해서 그것을 고정시키지 못하는 사람은 그 방법을 배워야만 합니다. 제 아무리 능력이 있는 사람이라 할지라도 의지의 힘으로 그 능력을 컨트롤하지 못하면 아무런 도움도 되지 않습니다.

육체를 훈련하는 것의 효용에 대해서는 쉽게 들을 수 있지만 참된 효용은 완전히 잊혀지고 말았습니다. 몸이 안정된 상태에서 기능을 다하도록 하는 데 있어서 정적 운동만큼 효과적인 것도 없습니다. 전술한 바와 같이 몸을 컨트롤할 줄 알게 되면 마음도 컨트롤할 수 있게 됩니다.

LESSON

3

원하는 것을
손에 넣는 방법

소망은 신중하게
다루기 바랍니다.

    잘 모르는 사람은 이렇게 말할지도 모릅니다. '바라기만 하면 뭐든지 손에 넣을 수 있다니, 있을 수 없는 일이다.' 라고. 나는 이렇게 말하겠습니다. '집중력을 사용하면 원하는 것은 무엇이든지 손에 넣을 수 있습니다.' 라고. 어떤 소망이든 이룰 수 있습니다. 하지만 이루느냐 이루지 못하느냐는 그 소망을 채우는 데 당신이 얼마나 집중하느냐에 달려 있습니다. 무엇인가 필요하다는 생각만으로는 손에 넣을 수 없습니다.

    저것이 있었으면 좋겠다고 바라는 것은 나약함의 표현이지, 무슨 일이 있어도 저것을 손에 넣겠다는 신념은 아닙니다. 동화 속 세상이 아니니 단순히 바라기만 해서는 안 됩니다. 그처럼 '무의미한 공상' 을 할 때도 가치 있는 것을 생각할 때와 마찬가지로 뇌의 힘을 최대한 사용해야 합니다.

    소망은 신중하게 다룹시다. 바라는 것을 마음속으로 그려보고 실현할 때까지 의지를 그곳에 고정시킵시다. 키가 없는 배로 파도 속을 떠도는 것처럼 해서는 안 됩니다. 자신이 하고 싶은 일을 끝까지 지켜보며 전력을 기울여서 거기에 임하면 성공은 당신의 것이 됩니다.

손을 댄 일은 전부 완성할 수 있다고 생각하도록 하십시오. 많은 사람들이 어떤 일에 착수하면서 처음에 실패를 예감, 실제로도 그렇게 됩니다. 알기 쉬운 예를 들어보겠습니다. 한 남자가 어떤 물건을 찾아서 가게로 갔습니다. 그런데 점원이 '죄송합니다. 저희 가게에는 없습니다.' 라고 말했습니다. 하지만 그것을 반드시 손에 넣겠다고 굳게 결심한 사람은 어디로 가야 그것을 손에 넣을 수 있는지를 묻습니다. 그래도 만족할 만한 답을 듣지 못하면 이번에는 점장을 찾아서 끝내 어디서 살 수 있는지를 알아냅니다.

바라는 것을 손에 넣는 비결은 오직 이것뿐입니다. 당신의 마음속에는 전능함이 깃들어 있기 때문에 당신이 의지를 가지고 임하는 일은 모두 해낼 수 있다는 사실을 잊지 마시기 바랍니다.

나는 길을 찾겠다.
길이 없으면 만들겠다

이것이 성공하기 위한 마음가짐입니다. 제 지인 중에 큰 은행의 은행장을 맡고 있는 사람이 있습니다. 그는 그 은행에서 메신저보이로 일을 시작했는데 그때 아버지께서 'P'라는 글자가 새겨진 단추를 하나 만들어 그의 코트에 달아주면서 이렇게 말했습니다. '잘 들어라. 이 'P'는 네가 언젠가는 그 은행의 은행장(president)이 될 운명이라는 사실을 잊지 않도록 하기 위한 것이란다. 이 사실을 언제나 머릿속에 넣어두기 바란다. 그리고 매일 자신을 목표에 다가가게 해줄 무엇인가를 하기 바란다.'

이렇게 해서 그의 마음속에서는 은행장이 된다는 생각이 한순간도 떠난 적이 없었습니다. 그는 은행장이 된다는 사실에 집중했고 그것을 실현했습니다. 아버지는 그에게 'P'가 무엇의 머리글자인지 누구에게도 말하지 말라고 하셨습니다. 동료들은 단추 때문에 그를 있는 대로 놀려대며 'P'의 의미를 알아내려 했지만 성공하지 못했습니다. 그가 'P'의 정체를 밝힌 것은 은장행이 된 뒤였습니다.

소망 때문에 정신력을 낭비해서는 안 됩니다. 한순간에 문득 떠오른 생각을 만족시키기 위해서 에너지를 낭비해서는 안 됩니다. 정말로 가치 있는 일의 실현에 집중합시다. 한 가지 일을 끝까지 참고 해내는 사람은 실패하지 않는 사람입니다.

필요한 일은 전부
필연적으로 일어납니다.

오늘날의 성공은 주로 정신적인 힘의 법칙에 집중하느냐 집중하지 못하느냐에 달려 있습니다. 집중하면 사고가 가지고 있는 힘이 눈을 뜨게 되고, 그 힘을 비즈니스에 사용하면 영원히 성과를 낳아주기 때문입니다.

아직 그런 상태에 이르지 못했다면 그건 자신의 힘을 한계까지 전부 사용하지 않았다는 증거입니다. 위대한 우주는 수많은 힘이 얽히고설켜서 이루어진 것입니다. 우주 속에서 당신이 만드는 자신의 장소가 얼마나 중요한지, 그것은 당신에 자신에 따라서 달라집니다. 누구도 정복할 수 없는 불멸의 법칙을 사용하면 당신은 곧 모든 올바른 일을 행할 수 있게 됩니다.

따라서 이루고 싶다고 진심으로 바라고 있으며, 그것을 위해서 수고를 아끼지 않겠다고 생각하고 있는 일이 있다면 거침없이 그 일에 몰두하십시오.

올바른 일은 전부 실현 가능합니다. 필요한 일은 전부 필연적으로 일어납니다. 올바른 일이라면, 비록 세상 사람들 모두가 잘못 됐다고 생각하고 있다 하더라도 그것을 실행하는 것이 당신의 의무입니다. '신과 한 사람은 언제나 대다수다.' 알기 쉽게 설명해보도록 하겠습니다. 신이라는 전능한 내부의 법칙과 당신이라는 유기생명체는, 만약 당신의 목적이 절대적으로 올바르다면 전 세계를 정복할 수 있다는 의미입니다. 내가 좀 더 훌륭한 사람이었다면 좋았을 것이라는 등의 말은 할 필요가 없습니다. 옳은 일 중에서 당신이 하고 싶다고 생각하는 일은 무엇이든 할 수 있습니다.

이렇게 말하도록 하십시오. '나는 할 수 있다. 의지를 가지고 하겠다. 꼭 해야만 한다.' 이것만 충분히 이해하셨다면 나머지는 간단합니다. 계획을 방해하려는 것을 극복할 수 있는 잠재적인 정신력과 힘이 당신에게는 갖춰져 있습니다.

4

어떤 비즈니스에서나
성과를 낳는 힘

생각이 얼마나 강력한 것인지,
우선은 그것부터 알아두도록 하십시오.

공포라는 생각이 하룻밤 만에 사람의 머리를 백발로 만들어버린 일도 있습니다. 사형을 선고받은 죄수의 얘기를 해보겠습니다. 그에게 한 가지 제안이 들어왔습니다. 어떤 실험에 참가했다가 실험이 끝날 때까지 살아남는다면 그대로 자유의 몸으로 만들어주겠다는 것이었습니다. 죄수는 승낙했습니다. 인간은 피를 어느 정도까지 잃어도 살아갈 수 있는가 하는 것이 실험의 내용이었습니다. 죄수의 다리에 상처를 내서 거기서부터 피가 떨어지도록 하겠다는 설명을 들었습니다. 실제로는 상처가 아주 얕았기 때문에 출혈은 거의 없는 것과 다를 바 없었습니다. 하지만 방 안이 어두워서 아무것도 보이지 않았기 때문에 죄수는 무엇인가가 똑똑 떨어지는 소리를 듣고 자신의 다리에서 정말로 피가 흘러내리는 것이라고 착각을 하게 되었습니다.

그리고 이튿날 아침, 그는 공포 때문에 숨을 거뒀습니다.

이 일화를 통해서 생각이 가진 힘에 대해서 조금이나마 이해를 하셨으리라 믿습니다. 생각의 힘을 완전하게 아는 것은 당신에게 있어서 매우 커다란 의미를 갖는 것입니다.

생각의 힘을 집중시킴으로 해서 원하는 대로 자신을 만들어나갈 수 있습니다. 생각으로 당신의 능력과 강인함을 비약적으로 신장시킬 수 있습니다. 당신 주위에는 여러 종류의 생각들이 넘쳐나고 있습니다. 선량한 생각이 있는가 하면 부정한 생각도 있습니다. 그런데 당신이 긍정적인 마음가짐을 가지려고 하지 않으면 반드시 부정적인 생각을 흡수하게 됩니다.

불안이나 앞날에 대한 걱정, 낙담, 실망 등과 같이 컨트롤되지 않은 생각들이 낳는 불필요한 기분을 관찰해보면 생각을 컨트롤하는 것이 얼마나 중요한지를 알 수 있습니다. 당신의 생각이 당신이라는 사람을 형성하고 있는 것입니다.

당신의 생각이
기품 있는 것이라면

거리를 지나면서 여러 사람들의 얼굴을 관찰해보면 어떤 식으로 삶을 살아왔는지를 알 수 있습니다. 거울이 그들의 모습을 비추는 것처럼, 얼굴은 그 사람의 삶을 비춰줍니다. 그들의 얼굴을 바라보면 대부분의 사람들이 헛되이 인생을 보내고 있다는 사실을 느끼지 않을 수 없습니다.

생각의 힘을 이해하면 자신은 생각지도 못했던 내부의 가능성이 눈을 뜨게 됩니다. 당신의 생각이 당신의 환경과 당신을 친구관계로 만들어주며, 그것을 변화시키는 것도 역시 당신의 생각입니다. 이건 참으로 도움이 되는 교훈이 아닙니까? 선량한 생각은 건설적입니다. 사악한 생각은 파괴적입니다. 올바른 일을 하고 싶다는 소망에는 커다란 힘이 숨겨져 있습니다. 자기 생각의 중요함과 그 생각을 가치 있는 것으로 만드는 방법을 충분히 이해하고, 생각은 눈에 보이지 않는 선을 따라 당신에게 도달해서 당신을 움직인다는 사실을 실감하시기 바랍니다.

당신의 생각이 기품 있는 것이라면, 마찬가지로 고결한 생각을 가진 사람과 관계를 맺게 되어 자신을 도울 수 있게 됩니다. 당신의 생각이 교활한 것이라면 당신 주위에는 교활한 사람들이 모여들어 당신을 속이려 할 것입니다.

당신의 생각이 올바른 것이라면 당신과 관계하는 사람들의 마음속에 신뢰감이 싹틀 것입니다. 사람들의 선의를 받아들임에 따라서 당신의 자신감과 강인함은 더욱 증가될 것입니다. 머지않아서 자기 생각의 뛰어난 가치와, 제 아무리 괴로운 환경에서도 자신은 평정심을 잃지 않을 수 있다는 사실을 알게 될 것입니다. 이처럼 선량하고 올바른 생각을 가지고 있으면, 필요할 때 도움의 손길을 내밀어주는 실력자와의 교류도 생기게 됩니다. 누구나 때로는 사람을 도우려 하는 법입니다.

사람은 자신이 뿌린 씨앗을 거두는 법입니다.

생각을 올바른 경로에 집중시키는 것이 왜 중요한지 이제는 아셨을 겁니다. 무엇보다 필요한 것은 사람들에게 신뢰감을 심어주는 것입니다. 두 사람이 처음 만났을 때, 상대방에 대해서 조사를 하고 있을 시간은 없습니다. 직감에 따라서 서로를 받아들이게 되는데 대체로 직감은 믿을 만한 것입니다.

처음 만나는 상대방의 태도에서 뭔가 미심쩍은 것이 느껴질 때가 있습니다. 대부분의 경우 왜인지 이유는 알 수 없지만, 어디선가 '이 사람과는 관계를 맺지 않는 편이 좋다. 관계를 맺으면 후회하게 된다.' 는 소리가 들려옵니다. 생각은 행동을 낳습니다. 따라서 자신의 생각은 신중하게 다룹시다. 생각에 정신적인 힘을 깃들게 하는 것은 언제나 가능한 일이며, 당신에게 그럴 만한 가치가 있다면 별로 힘들이지 않아도 좋은 일이 전부 당신에게 모여들 것입니다.

태양의 빛은 우리의 정원으로 쏟아지지만 우리는 나무를 심어 그 빛을 차단합니다. 이와 마찬가지로 당신에게는 눈에 보이지 않는 힘이 쏟아지고 있으니, 당신이 그것을 막는 생각이나 행동만 하지 않는다면 언제라도 당신에게 도움을 줄 것입니다. 이와 같은 힘은 조용히 작용하고 있습니다. '사람은 자신이 뿌린 씨앗을 거두는 법' 입니다.

당신에게는, 상상할 수도 없을 만큼 커다란 행복을 가져다줄 가능성을 숨기고 있는 힘이 있습니다. 그 힘에 집중하시기 바랍니다. 대부분의 사람들은 자신이 바라는 것을 스스로 내쫓는 것과 같은 행동을 하면서 서둘러 인생을 달려갑니다. 집중함으로 해서 인생을 근본적으로 바꾸면 지금보다 훨씬 더 많은 것을 크게 힘들이지 않고 달성할 수도 있습니다.

자신의 내부로 눈을 돌리면 지금까지 만들어졌던 그 어떤 기계보다도 뛰어난 기계를 발견할 수 있을 것입니다.

현명하게 이야기하려면,
그 전에 침묵이 필요합니다.

어떻게 해야 현명하게 이야기할 수 있을까요? 몸의 기능과 적어도 정신력의 일부를 눈앞의 화제에 고정시켜야만 합니다. 이야기를 할 때는 주의가 밖으로 향하며 집중력이 떨어지게 됩니다. 따라서 심원한 사고능력과 잠재능력이 발달해 있는 잠재의식의 심원한 고요함에는 까마득하게 미치지 못합니다. 현명하게 이야기하려면, 그 전에 침묵이 필요합니다. 괴로운 상황 속에서도 주의를 늦추지 않고 차분함을 유지하고 있는 사람은 침묵 속에서 훈련을 거듭해온 사람입니다.

대부분의 사람들은 침묵이 어떤 것인지 잘 모르고 침묵 상태에 들어가는 것은 간단한 일이라고 생각하고 있는 듯하지만 사실은 그렇지 않습니다. 참된 침묵 속에서 사람은 내부의 법칙과 하나가 되며, 모든 힘은 정숙 상태를 맞이합니다. 힘이 의식 밑으로 숨어버리는 상태가 되어 귀에 들어오는 진동을 가진 소리를 받아들이지 못하기 때문입니다. 비범한 사람이 되고 싶다면 자신 속에 있는 전능의 절대법칙으로 가는 길을 열어두어야만 합니다. 끈질기게 지성을 가지고 사고를 집중하는 훈련을 해야만 그것이 가능해집니다.

LESSON

5

환경은 당신의
생각대로

지배하는 힘은
당신 내부에 있습니다.

당신의 소망은 당신의 힘의 내부에서 이미 충족되었습니다. 성공은 당신의 사고방식의 결과입니다. 지금부터 성공을 위한 사고방식을 가르쳐 드리겠습니다. 당신이 진화되지 못한 원자에서 지금의 모습으로 진화해 온 것은 당신에게 생각하는 힘이 있었기 때문입니다. 그 힘은 평생 사라지지 않고 당신이 완성에 도달할 때까지 격려할 것입니다.

당신은 진화함에 따라서 새로운 소망을 수없이 갖게 되는데 그것은 전부 달성 가능한 것입니다. 지배하는 힘은 당신의 내부에 있습니다. 그리고 지배로부터 당신을 멀어지게 하는 장애도 당신 속에 있습니다. 그것은 무지라는 이름의 장애입니다.

사고를 집중하면 불가능할 것이라고 여겨지던 일이 가능해지며, 자신에게 있어서 가장 중요한 소망이 무엇인가를 알 수 있게 됩니다.

당신이 한계의 벽을 돌파함과 동시에 새로운 소망이 눈을 뜰 것입니다. 그 순간 당신은 의식적으로 생각을 조립하는 것을 배우게 됩니다.

깊이 집중함으로 해서 무한한 사고에 접할 수 있다는 사실을 인식하기만 한다면 자신에게는 한계가 있다는 착각을 완전히 지울 수 있으며 언제나 당신에게 나쁘게 작용하는 공포를 비롯한 부정적이고 파괴적인 생각을 단번에 지워버릴 수 있습니다. 그리고 부정적인 생각 대신에 모든 모험이 성공할 것이라는 강한 자신감이 배양됩니다. 이처럼 집중해서 사고를 강화시키는 방법을 익힌다면 자신의 마음이 낳는 것을 컨트롤 할 수 있게 됩니다. 그러면 마음이 낳은 것이 당신의 물리적 환경을 만드는 것을 도와주기 때문에 당신은 환경의 지배자가 되며 당신 왕국의 통치자가 될 것입니다.

인생을 자신이 바라는 것으로 가득 찬 환경으로 만드는 것은, 바라지 않는 것투성이인 환경으로 만드는 것과 마찬가지로 아주 간단한 일입니다. 그것은 당신의 의지에 따라서 결정될 문제입니다. 당신이 올바른 것을 바라고 있다면 그것을 손에 넣는 것을 방해할 벽은 아무것도 없습니다. 만약 옳지 않을 것을 선택한다면 전능한 신의 설계도에 반하는 것이 되기 때문에 당연히 실패하게 됩니다.

하지만 정의와 선의에 바탕을 둔 소망을 품는다면, 처음에는 전망 없이 어둡게 보일지라도 보편적인 사고의 힘의 도움을 얻어 별다른 장애 없이 최고의 성공을 기대할 수 있을 것입니다.

일시적인 상황에 당황해서 멈춰 서서는 안 됩니다. 성공에 도달하겠다는 단호한 신념을 끊임없이 갖도록 합시다. 신중하게 계획을 세워 그것이 보편적인 정의의 흐름에 반하지 않는 것이 되도록 주의를 기울입시다. 잊어서 안 되는 것은, 공포나 분노 그리고 거기서 파생되는 감정 등의 파괴적인 힘을 불러들여서는 안 된다는 점입니다.

의지의 힘을
단련하면 단련할수록

자신의 생각이 신의 법칙과 조화를 이루고 있다는 것을 아는 데서 오는 신념과, 올바른 목적을 가지고 있다는 거짓 없는 확신만큼 위대한 힘도 없습니다. 목적이 부정한 것도 달성할 수 있을지는 몰라도 그 성과는 일시적인 법입니다. 그리고 결국에는 생각의 체계를 해체해서 정의라는 참된 기반을 닦아야만 하게 됩니다.

진리 위에 세워지지 않은 계획은 불협화음을 발해 스스로 무너집니다. 정의를 구축하기 전까지는 그 이외의 것을 쌓으려 하지 말아야 합니다. 그 외의 일은 전부 시간 낭비입니다. 올바른 것을 행하고 싶다는 소망을 일시적으로 잊을 수 있을지는 몰라도 그렇게 되면 당신이 힘의 올바른 길로 되돌아올 때까지 정의가 가지고 있는 참된 진동이 부정한 계획을 끊임없이 방해할 것입니다.

모든 올바른 목적은 일시적으로 실패한다 하더라도 언젠가는 이루어집니다. 따라서 모든 일이 자신에게 불리한 상황에 직면했을 때는 불안을 가라앉히고, 파괴적인 생각을 전부 내몰고, 윤리와 정신적으로 충만한 당신 인생의 차분함을 유지하도록 하십시오.

'뜻이 있는 곳에 길이 있다.' 자기 내부에 있는 힘으로부터 도움을 얻을 수 있다면, 의지는 길을 만들 수 있다는 말입니다. 의지의 힘을 단련하면 단련할수록 의지가 만드는 길은 보다 높은 곳으로 연결되어 갑니다.

음울한 일들만 일어나고 아무런 희망도 없는 것처럼 보일 때일수록 성공을 손에 넣었을 때처럼 평화롭고 맑게 마음을 컨트롤 할 수 있다는 사실을 기뻐하고 당신의 진가를 보이도록 합시다.

'성공이라는 생각의 씨앗을 뿌릴 때, 햇빛이 끊임없이 쏟아져 하나의 계절이 지나기 전에 풍성한 수확을 가져다줄 것이라는 사실을 굳게 믿어라.'

실제로 어떤 일을 하고 있을 때, 언제나 그 일의 성공에 대해서만 생각하고 있을 필요는 없습니다. 몸이 활동하고 있지 않을 때, 당신이 원하는 기회를 실현시킬 수 있는 새로운 아이디어를 마음은 얼마든지 만들어낼 수가 있습니다. 그리고 실제로 어떤 일에 착수하면 생각하는 데 필요한 사고회로는 이미 만들어져 있기 때문에 같은 작업을 반복할 필요는 없는 것입니다.

부정적인 마음을
컨트롤합시다.

부정적인 마음이 들 때는 의지의 힘으로 생각을 컨트롤하고 있는 것이 아니기 때문에 직감의 활동이 활발해집니다. 모든 것을 직감에 의존하게 됩니다.

부정적인 마음이 들 때는 '공감의 법칙'에 의해서 부정적인 성질을 가진 생각들이 떠오릅니다. 따라서 성공에 관한 생각을 만들어내서 비슷한 성질을 가진 생각을 끌어들이는 것이 중요합니다. 이와 같은 것에 대해서 연구해본 적이 없는 사람에게는 헛소리처럼 들릴지도 모르겠지만 유사한 성질을 가진 생각을 옮겨다주는 사고의 조류라는 것은 틀림없이 존재합니다. 실패를 생각하는 사람들의 대부분은 스스로의 고민이나 불안, 지나친 행동 때문에 실제로도 실패를 부릅니다. 사고의 법칙을 배워서 선, 진리, 성공에 대해서만 생각하면 조그만 노력으로도 지금까지 없었던 진보를 이룰 수 있습니다.

우리 속에는 마음을 강하게 해주는 힘이 있습니다. 평범한 사람은 생각지도 못했던 힘입니다. 사고와 그 법칙의 가치를 좀 더 믿는다면 당신은 올바른 인도를 받아 비즈니스에서의 이익도 몇 배로 늘어나게 될 것입니다.

다음 방법을 이용해서 생각을 컨트롤하는 법을 향상시키기 바랍니다. 불안을 컨트롤하지 못할 때는 자신 속의 잘못 된 판단을 향해서 이렇게 말합시다.

'나는 위축될 필요도 두려워할 필요도 없다. 왜냐하면 나는 혼자가 아니기 때문이다. 눈에 보이지 않는 힘이 나를 감싸고 있어 내게 불리한 상황을 없애는 데 도움을 주고 있기 때문이다.'

이렇게 말하면 바로 용기가 솟아오를 것입니다. 두려움을 모르는 사람과 두려움에 시달리는 사람의 유일한 차이점은 그 사람의 의지이자 희망에 있습니다. 좀 더 성공을 거두고 싶다면 성공을 믿고, 성공을 바라고, 성공을 추구해야 합니다. 같은 방법으로 소망, 야심, 기지, 기대, 명예심, 공감, 신뢰, 자신감 등에 대한 생각도 키울 수가 있습니다.

불안이나 분노를 느끼거나, 낙담하거나, 우유부단이나 고민으로 괴로워하는 것은 당신 마음의 숭고한 힘으로부터 협력을 얻고 있지 못할 때입니다. 당신은 의지의 힘으로 마음의 힘을 관리할 수 있으니 환경에 좌우되지 않고 자신이 바라는 대로 기분을 바꿀 수 있습니다.

어영부영 시간을
흘려보내지 않도록.

　얼마 전에 '내가 먹고 있는 것이나, 돌아다니면서 눈에 들어오는 것에 집중하려면 어떻게 해야 합니까?' 라는 질문을 받았습니다. 저는 '무엇을 하고 있을 때든 그때 하고 있는 일만을 생각하도록 하십시오.' 라고 대답했습니다. 중요한 것은 사소한 행동을 컨트롤할 수 있게 되어야 한다는 점입니다. 그렇게 하지 않으면 나쁜 습관이 몸에 배어 그것을 고치려 해도 집중하는 것에 익숙하지 않기 때문에 마음먹은 대로 되지 않습니다. 지금 관리하지 못하는 두뇌의 작용을 다음이라고 해서 관리할 수 있을 리 없습니다. 조그만 일을 할 때 마음이 산만해지면 마음이 말을 듣지 않게 되어, 막상 중요한 일에 집중하려 해도 좀처럼 그렇게 할 수 없어지게 됩니다.

　집중할 줄 아는 사람은 행복하고 바쁘게 일을 합니다. 어영부영 시간을 보내지 않습니다. 할 일이 언제나 산더미처럼 쌓여 있습니다. 지난 날의 실패를 돌아볼 여유 같은 건 없습니다. 그런 것은 생각해봐야 좋지 않은 기분만 들 뿐입니다. 낙담을 했을 때나 좌절을 겪었을 때도, 신의 곁으로 가는 날까지 우리의 가장 위대한 재산인 '생명과 진리와 힘'이 '전류처럼' 우리의 삶에 끊임없이 흐르기를 바랍시다.

훈련하지 않으면 의지가 명료함과 결단력을 가지고 신속하게 움직이지 못합니다. 하루 중 한순간 한순간에 자신이 무엇을 하고 있는지 정말로 알고 있는 사람은 그다지 많지 않습니다. 자신이 하고 있는 일을 알기 위해서 제대로 된 방법으로 정확하게 관찰하지 않기 때문입니다. 집중력을 단련, 평정함과 신중함을 잊지 말고 명확하고 신속하게, 그리고 결단력을 가지고 생각하는 훈련을 한다면 자신이 하고 있는 일을 언제나 파악하는 것은 그다지 어려운 일이 아닙니다. 걱정을 하면서, 혹은 초조함을 느끼면서 어떤 일을 하면 그 행위는 마음의 감광판에 뚜렷이 각인되지 않기 때문에 의식하지 못하고 행하게 됩니다. 명료하게 생각하는 힘, 사고를 한 점에 고정시키는 힘, 그리고 진실을 꿰뚫어보는 힘을 단련하면 바로 집중력이 생길 것입니다.

LESSON

6

의지를 기르기
위한 훈련

의지를 어떻게 사용하느냐에
따라서 인생에 커다란 차이가 생깁니다.

'할 수 있다.'란 무엇일까요? 그것은 '무엇인가를 이루겠다는 단호한 의지'입니다. 이는 세상에서 가장 위대한 힘으로 그 누구도 미리 그 힘의 한계를 단정 지을 수 없습니다. 우리가 지금 하고 있는 일은, 몇 세대 전에는 불가능한 일이었습니다. 하지만 지금은 '모든 일은 가능하다.'는 격언이 어울리는 시대입니다.

'단호한 의지'는 매우 실용적인 힘이지만 그 실체를 설명하기란 그리 쉽지 않습니다. 원인과 결과를 통해서만 알 수 있다는 점에서 전력에 비유하면 좋을지도 모르겠습니다. 양쪽 모두 우리가 움직일 수 있는 힘이며, 어느 정도까지 움직이느냐에 따라서 우리의 미래가 결정됩니다.

의식적이든 무의식적이든 무엇인가를 확실하게 이루기 위해서 당신은

'의지의 법칙'을 사용하고 있습니다. 옳든 그르든 모두가 의지의 힘으로 가능한 것이니 의지를 어떻게 사용하느냐에 따라서 인생에 커다란 차이가 생깁니다.

누구나 나름대로 '단호한 의지'를 가지고 있습니다. 그것은 모든 의식적인 행위를 컨트롤하는 내부의 에너지로, 당신이 할 수 있다고 다짐하는 것이 인생의 힘이 움직이는 방향을 결정합니다. 좋은 것이든 나쁜 것이든 모든 습관은 당신의 단호한 의지의 결과입니다. 당신의 그런 행위가 인생의 상황을 향상시키기도 하고 악화시키기도 합니다. 당신의 의지는 모든 지식의 경로, 모든 활동, 모든 업적과 연결되어 있습니다.

흥분 상태에 있는 사람이 엄청난 힘을 발휘했다는 얘기는 당신도 이미 들은 적이 있을 것입니다. 예를 들자면 다음과 같은 얘기입니다. 한 농가에 불이 났습니다. 집에는 아내밖에 없었으며, 가재도구를 꺼내는 것을 도와줄 사람도 없었습니다. 아내는 병약해서 평소 나약한 여자로만 알고 있었습니다. 그런데 불이 났을 때 그녀가 집에서 가져나온 물건은, 남자 셋이서 간신히 옮길 수 있을 정도의 무게였습니다. 그녀가 이 일을 달성하기 위해서 사용한 힘은 단호한 의지였습니다.

천재란 어떤 노고도 아끼지 않고 작은 일들을 계속해나가는 단호한 의지를 가진 사람입니다. 작은 일을 멋지게 해내면 커다란 일로 이어지는 기회의 문이 열립니다.

완전히 개발되어 안정된 의지의 힘을 가진 사람은 거의 찾아볼 수 없지만, 그것을 가지고 있는 사람은 자신의 약점을 쉽게 극복할 수 있습니다. 자신을 가만히 들여다봅시다. 당신의 가장 커다란 약점을 발견해서 의지의 힘으로 그것을 극복하시기 바랍니다. 이와 같은 방법으로 자신의 결점을 하나하나 뿌리 뽑아 강한 인격을 기릅시다.

그를 위한 몇 가지 레슨을 제시해보겠습니다.

〈향상의 법칙〉

어떤 소망이 생겼다면 그것이 자신을 위한 것인지 생각해보시기 바랍니다. 도움이 되지 않는 것이라면 의지의 힘으로 그 소망을 억누르십시오. 반대로 올바른 소망이라면 의지의 힘을 남김없이 집결, 앞을 가로막고 있는 장애물을 전부 제거해서 당신이 진심으로 바라는 선을 확고하게 자신의 것으로 만들기 바랍니다.

〈늦은 결단에 대해서〉

이는 의지의 힘이 나약하다는 것을 보여주는 것입니다. 어떤 일을 해야만 한다는 사실을 알고 있으면서도 결단력이 부족하기 때문에 뒤로 미룹니다. 어떤 일을 하는 것보다는 하지 않는 편이 훨씬 더 편하지만 당신의 양심은 '해라.' 라고 말합니다. 압도적으로 많은 숫자의 사람들이 일을 해야 할 때에 실행하는 결단력을 가지고 있지 못하기 때문에 낙오자가 되어 버립니다. 성공한 사람들은 신속하게 결단함으로 해서 재빨리 기회를 포착하는 것입니다. 이처럼 의지의 힘을 사용하면 교양과 부와 건강을 손에 넣을 수 있습니다.

〈몇 가지 특별한 힌트를〉

앞으로 일주일 동안, 일상에서의 사소한 일들에 대해서 신속한 결단을 내리는 연습을 합시다. 기상시간을 정해서 반드시 그 시간에 일어나도록 하십시오. 해야 할 일들은 전부 시간에 맞춰서, 혹은 시간 전에 마치도록 하십시오. 물론 중요한 일에 대해서는 신중하게 생각을 해야 하지만 작은 일들로 결단을 내리는 연습을 계속해나가면 커다란 일에 대해서도 신속하게 결단을 내릴 수 있는 능력을 갖게 됩니다. 어영부영 뒤로 미루는 것은 금물입니다. 잘못 된 결단을 내릴 위험도 있지만 그 정도는 각오하고 어느 쪽으로든 신속하게 결단을 내리십시오. 한두 주 정도 이 연습을 한 뒤 어느 정도 진척이 있었는지 확인하도록 합시다.

〈자주성의 결여〉

이것도 많은 사람들을 성공에서 멀어지게 하는 요인입니다. 그들은 무슨 일에서나 타인의 흉내를 내는 습관을 가지고 있습니다. 흔히 볼 수 있는 것이 '머리는 좋은 것 같은데 자주성이 부족한 사람'입니다. 이런 사람에게 있어서 인생은 따분한 날들의 연속일 뿐입니다.

그들이 별로 발전도 없는 단조로운 일을 하루하루 반복하고 있을 동안 '활동적'인 사람들은 자주성을 발휘하여 인생을 마음껏 즐깁니다. 자주성이란 자기 자신을 위해서 생각하고 행동하는 힘입니다. 이 힘의 결여만큼 빈곤의 원인이 되는 것도 없습니다.

이제 계획을
실행으로 옮깁시다.

당신은 누구에게도 뒤지지 않을 만큼 뛰어난 사람입니다. 당신에게는 의지의 힘이 있으며 그것을 사용하면 당신도 인생의 풍성함을 맛볼 수 있습니다. 꼭 그것을 사용하여 풍성함을 손에 넣으시기 바랍니다. 남들의 도움을 기대해서는 안 됩니다. 자신의 힘으로 싸워야만 합니다. 투사는 세상 사람들로부터 사랑을 받으며, 겁쟁이는 세상 사람들의 경멸의 대상이 됩니다.

사람에 따라서 문제는 제 각각 다르기 때문에 제가 할 수 있는 말은 '자신의 기회와 상황을 분석하고, 타고난 재능을 연구하시기 바랍니다.' 라는 말뿐입니다. 개선 계획을 작성하여 실행에 옮깁시다. 앞서도 말한 바와 같이 '이것을 해야지, 저것도 해야겠다.'고 말로만 해서는 안 됩니다. 계획을 실행에 옮겨야 합니다. 애매한 계획이 아니라 명확한 계획을 세우고 목적을 달성할 때까지 결코 포기해서는 안 됩니다.

이 충고를 진지하게 실천하면 곧 눈부신 성과가 나타나 당신의 인생은 근본적으로 바뀌게 될 것입니다. 고결한 목표를 가진 사람을 위한 멋진 말을 가르쳐드리겠습니다. '의지의 힘으로 나는 하고 싶은 일을 거침없이 할 수 있다.' 이 자기암시가 당신의 의욕을 향상시켜줍니다.

인내심 강한 정신은 성공의 열쇠입니다. 대부분의 사람들이 어느 정도까지 가면 포기해버리고 마는데, 조금만 더 참았다면 성공할 수 있었을 것입니다. 자주성이 풍부하기는 하지만 한 가지 일에 자주성을 집중시키지 못하고 분산시켜서 효력이 없어질 때까지 낭비하는 사람들이 헤아릴 수도 없이 많습니다.

결단은 자신이 최고의
상태에 있을 때 내릴 것.

결단력이란 할 수 있다는 단호한 의지의 다른 말입니다. 결단력을 길러 일단 무엇인가를 시작했다면 성과를 올릴 때까지 끈질기게 버팁시다. 물론, 무슨 일이든 시작하기 전에는 앞을 내다보고 '최종적으로 어디에 가닿을지'를 생각할 필요가 있습니다. '어느 곳으로도 통하지 않는 길'이 아닌 '어딘가로 통하는 길'을 선택해야만 합니다. 젊은 사업가들에게서 가장 흔히 볼 수 있는 문제점은 장래를 생각하지 않고 사업을 시작한다는 것입니다. 여행의 시작은, 여행의 마지막처럼 중요하지 않습니다. 모든 조그만 행동들이, 사업에 착수하기 전에 세웠던 목표로 당신을 다가갈 수 있도록 하는 것이 중요합니다.

인내력의 결여는 다시 말하자면 단호한 의지의 결여입니다. '계속 하자.'고 결심했을 때나 '그만두자.'고 포기했을 때 사용하는 에너지는 같습니다. 후자를 입에 담는 순간 당신의 발전기는 정지하고 결의는 사라져 버리고 맙니다. 결정한 일을 포기할 때마다 당신의 결단력은 점점 쇠약해져 갑니다. 그 사실을 잊지 마십시오. 결의가 흔들리기 시작했다고 느낀 순간, 정신을 집중하고 의지의 힘을 쏟아 부어 그 일을 계속하겠다는 결의를 굳게 해야 합니다.

평정한 정신상태가 아닐 때 결단을 내리려 해서는 안 됩니다. 마음이 급해졌을 때는 후회할 만한 말을 하기 쉽습니다. 화가 났을 때는 이성보다도 충동이 앞섭니다. 자신의 정신력을 완전히 컨트롤하고 있지 못한 상태에서 결단을 내리면 그 누구도 성공을 이룰 수 없습니다.

따라서 '결단은 자신이 최고의 상태에 있을 때 내려야 한다.'는 것을 반드시 지키도록 하십시오.

마음이 급해졌을 때는 숫자를 거꾸로 세는 간단한 방법으로 바로 감정을 컨트롤할 수 있습니다. 숫자를 거꾸로 세려면 집중력이 필요하기 때문에 그만큼 빨리 평정심을 되찾을 수 있습니다. '쉽게 화를 내는 기질'은 이런 방법으로 교정할 수 있습니다.

가장 최근에 화를 냈을 때 자신이 한 말, 한 생각을 되돌아보는 것도 커다란 도움이 됩니다. 타인이 당신을 볼 때처럼 자신을 볼 수 있을 때까지 끈질기게 보도록 하십시오. 그 당시의 상황을 이야기 형식으로 적어서 자신의 역할을 연기하는 인물을 평가해보는 것도 좋을 것입니다.

단호한 의지를
기르기 위한 충고.

단호한 의지는 정신적인 에너지의 일종인데 형태가 있는 것으로 만들기 위해서는 올바른 마음가짐이 필요합니다. '훌륭한 의지의 힘을 가진 사람'이라는 말을 흔히 들을 수 있는데 이는 완전히 틀린 말입니다. '대부분의 사람들에게는 숨겨진 힘인 의지의 힘을 실제로 사용하고 있는 사람'이라고 해야 할 것입니다. 의지의 힘의 독점권을 가지고 있는 사람은 아무도 없습니다. 모든 사람들에게 주어질 수 있을 만큼의 양이 있습니다.

우리가 의지의 힘이라 부르는 것은 정신적인 에너지를 결집시키는 것, 즉 집중력의 힘을 한 점으로 모으는 것입니다. 따라서 자신보다 강한 의지를 가지고 있는 사람이라고 생각하는 것은 옳은 인식법이 아닙니다. 누구나 원하는 만큼 의지의 힘을 손에 넣을 수 있습니다. 언제나 의지의 힘을 남김없이 활용하고 있다면 굳이 의지의 힘을 개발할 필요는 없습니다. 의지를 어떻게 사용하느냐에 따라서 인생의 대부분이 형성되는 것이니, 그 힘을 어디에 사용하는가가 당신의 운명을 결정한다는 점을 잊어서는 안 됩니다.

올바로 사용하지 않으면 자주성도 결단력도 자신의 것으로 만들 수 없습니다. 자신을 컨트롤하지 못해 남에게 이용당하는 단순한 기계가 되어버립니다. 지성을 쌓는 것보다 의지를 사용하는 법을 배우는 것이 훨씬 더 중요합니다. 의지의 사용법을 배우지 못한 사람은 스스로는 거의 결단을 내리지 못하고 다른 사람의 말에 따라서 결의를 번복합니다. 정신없이 의견을 바꾸기 때문에 눈에 띄는 일은 무엇 하나 이루지 못합니다. 한편 의지를 단련한 사람은 세계의 지도자가 될 수 있을 것입니다.

LESSON

7

무한한 정신의 힘을
이끌어내기 위해서

끌어 당기는 힘!
맨탈 디멘드

    원하는 것을 마음속으로 강하게 끌어당기는 힘인 '멘탈 디맨드'는 목적 달성을 위한 효과적인 힘입니다. 마음가짐은 표정에 나타나며, 행동을 결정하고, 몸의 상태를 좌우하고, 인생을 형성해갑니다. 성공을 실현시키는 조용한 힘인 멘탈 디맨드에 대해서 일일이 설명하지는 않겠습니다.

    여기서는 원하는 것을 달성하기 위해서 멘탈 디맨드를 어떻게 개발하면 좋을지, 그것에 대해서 가르쳐드리도록 하겠습니다. 집중된 멘탈 디맨드에는 뛰어난 힘과 가능성이 있습니다. 다른 모든 힘과 마찬가지로 멘탈 디맨드 역시 몇몇 법칙에 의해서 컨트롤되고 있기 때문에 체계적으로 노력을 계속하면 비약적으로 신장시킬 수 있습니다.

    멘탈 디맨드의 관리를 위해서는 마음의 힘을 전부 사용하고, 모든 요소를 사용해서 원하는 것을 실현시켜나가지 않으면 안 됩니다. 무엇인가가 필요하다고 진심으로 바라면 방해가 되는 생각은 전부 몰아낼 수 있습니다. 이처럼 오직 한 가지 일에 집중하는 훈련을 쌓아 원하던 결과를 손에 넣게 되는 순간, 당신은 원하는 것을 무엇이든 실현시킬 수 있는 의지를 손에 넣게 되는 것입니다.

평범한 일밖에 하지 못하는 한, 평범한 대중의 한 사람에서 벗어날 수는 없습니다. 가능한 한 빨리 아주 조금이라도 사람들 사이에서 두각을 나타내면 성공한 사람들의 대열에 낄 수 있습니다. 뛰어난 인물이 되고 싶다면 평범한 사람들보다 많은 것을 달성해야 합니다. 그것은 의지를 사용하면 간단히 이룰 수 있는 일이지만 자신이 원하는 것에 집중해서 전력을 기울이지 않으면 안 됩니다. 경주에서 승리를 얻는 것은 가장 다리가 긴 주자도 가장 강한 근육을 가진 주자도 아닙니다. 가장 강한 소망의 힘을 쏟아 붓는 주자입니다.

기관차를 생각해보면 쉽게 알 수 있을 것입니다. 기관차는 천천히 출발해서 기관사가 점점 속도를 올리면 곧 최고 속도에 달합니다. 두 사람의 주자에 대해서도 같은 말을 할 수 있을 것입니다. 동시에 출발한 두 사람은 더욱 빨리 달리고 싶다는 소망을 점점 더 높여갑니다. 승리를 거두는 것은 그 소망을 격렬하다 싶을 정도로 높인 쪽입니다. 결승점에 들어서는 순간의 차이는 간발의 차이일지 모르지만 승리의 월계관을 쓰는 것은 바로 그입니다.

성공을 쟁취하기
위한 비결은?

성공을 했다고 세계적으로 인정받은 사람들이 반드시 육체적으로 강한 힘을 가지고 있었다거나 출발부터 주위 환경에 잘 순응했었다고는 말할 수 없습니다. 처음부터 특별히 뛰어난 재능을 가진 사람이라고 여겨졌던 것도 아닙니다. 어떤 장애에도 굴하지 않고 사업에서 성과를 올리겠다는 강한 결의로 성공을 쟁취한 것입니다. 어떤 어려움에도 굴하지 않고, 무슨 일이 있어도 결의를 번복하지 않고, 언제나 결승점에서 시선을 떼지 않았던 것입니다.

이 강인하고 조용한 힘은 우리 모두의 내부에 존재합니다. 이것을 단련하면 도저히 불가능할 것처럼 보이는 상황도 극복할 수 있습니다. 끊임없이 우리를 보다 커다란 달성으로 몰아갑니다. 이 힘을 숙지하면 뛰어난 전략가가 될 수 있으며, 용기가 더 해져 많은 분야에서 자신을 나타내고 싶다는 소망이 높아집니다.

성공을 위한 첫 번째 요인은 강한 인내심입니다. 즉, 어떤 일을 실행할 때 결코 멈추지 않는 것입니다. 착수한 일에 생각을 집중시켜 목적을 달성할 때까지는 가지고 있는 에너지를 전부 사용하여 그 상태를 유지해야만 합니다. 목표를 실현하기 전에 포기하면 다음 목표에도 힘이 들어가지 않습니다.

멘탈 디맨드에는 실체가 없기 때문에 존재하지 않는 힘처럼 느껴집니다. 하지만 사실은 세상에서 가장 강한 힘입니다. 당신이 원하는 만큼 얼마든지 사용할 수 있는 힘이자 다른 누구도 당신 대신 사용할 수 없는 힘입니다. 멘탈 디맨드는 환상이 아니며, 아무런 대가 없이 마음껏 사용할 수 있는 뛰어난 힘입니다. 방황할 때는 조언을 해주고, 확신이 서지 않을 때는 길을 가르쳐주고, 불안할 때는 용기를 심어줍니다. 목적 달성에 필요한 에너지를 제공해주는 원동력입니다.

당신은 가능성으로 가득 찬 저장고를 가지고 있습니다. 멘탈 디맨드는 그 가능성을 실현시켜줍니다. 목표 달성에 필요한 것을 모두 부여하며, 도구를 선택해주고, 사용법을 가르쳐주며, 상황을 파악해줍니다. 멘탈 디맨드를 실행할 때마다 당신은 외부의 힘을 자신에게로 끌어들여 두뇌의 힘을 증가시키게 됩니다.

인생을 풍성하게 하는 멘탈 디맨드.

멘탈 디맨드의 힘을 이해하고 있는 사람은 극히 드뭅니다. 하지만 마음 속에서 강하게 원하면 말로 하지 않아도 하고 싶은 말을 상대방에게 전달할 수 있는 법입니다. 친구와 어떤 일에 대해서 이야기를 나눠야겠다고 계획을 하고 있었는데 내가 말을 꺼내기도 전에 친구가 먼저 말을 꺼냈던 적은 없었습니까? 혹은 편지로 친구에게 어떤 제안을 했는데 그 편지가 도착하기도 전에 친구가 그것을 실행한 적은 없었습니까? 어떤 사람과 이야기하고 싶다고 생각하고 있었는데 그 사람이 갑자기 나타나거나 전화를 걸어온 적은 없었습니까? 내가 생각하고 있던 일에 대한 그런 반응을 나는 헤아릴 수도 없이 많이 경험했습니다. 당신도 친구들과의 사이에서 틀림없이 그런 경험을 한 적이 있었을 것입니다.

이는 우연의 결과가 아닌 강한 집중력이 낳은 멘탈 디맨드의 결과입니다.

아무것도 바라지 않는 사람은 아주 조금밖에 손에 넣지 못합니다. 강하게 소망하는 것이 원하는 것을 손에 넣는 첫걸음입니다.

멘탈 디맨드의 힘은 절대적이기 때문에 그것이 제공하는 것은 무한정합니다. 멘탈 디맨드는 강력한 힘을 내뿜어 목적 달성에 필요한 상황과 기회를 현실적인 것으로 만들어줍니다. 제가 멘탈 디맨드의 힘을 과대평가하고 있다고 생각해서는 안 됩니다. 올바른 목적을 위해서만 사용하면 인생을 풍성한 것으로 만들어줍니다.

단, 일단 멘탈 디맨드를 만들었다면 결코 약화시켜서는 안 됩니다. 당신과 소망을 연결하는 흐름이 끊어져버립니다. 필요한 만큼의 시간을 들여서 튼튼하게 기초를 쌓아 그 어떤 망설임도 스며들 여지를 주지 맙시다. 망설임을 품는 순간 멘탈 디맨드는 힘을 잃게 되며 일단 힘을 잃게 되면 다시 되찾기 어려워집니다. 멘탈 디맨드를 실행할 때는 필요한 것이 주어질 때까지 결코 약화시키지 않도록 합시다.

다시 한 번 말하지만 멘탈 디맨드의 힘은 환상이 아닙니다. 그것은 바로 집중력의 힘이며 당신이 사용할 수 있는 것입니다. 초능력은 아니지만 뇌 중추의 훈련을 필요로 합니다. 단호하고 굳은 결의를 가지고 임하면 틀림없는 결과를 얻을 수 있습니다.

셀프 마스터가 되기 위한
두 가지 조건은?

자신 속에 있는 이 힘을 깨닫기 전에는 누구도 커다란 진보를 바랄 수는 없습니다. 만약 깨닫지 못했다면 당신은 아직 커다란 성공을 거두지 못한 채 인생을 보내고 있을 것입니다. 특별한 사람과 그 외의 수많은 사람들을 구분 짓는 것이 바로 이 힘입니다. 이 신비한 힘이 강한 인격을 길러주는 것입니다.

많은 것을 손에 넣고 싶다면 많을 것을 구할(디맨드) 필요가 있습니다. 그리고 멘탈 디맨드를 실행했다면 그것이 실현될 것이라고 예측하시기 바랍니다. 실현하느냐 못하느냐는 우리에게 달려 있습니다. 사람은 노력의 양에 따라서 보답을 받습니다. 멘탈 디맨드의 힘을 사용하면 원하는 것을 손에 넣을 수 있습니다. 우리는 자신이 되고 싶다고 결의한 대로 되는 법입니다. 즉 자신의 운명을 스스로 컨트롤하고 있는 것입니다.

올바른 마음가짐으로 임하면 능력에 비례하는 성공을 거둘 수 있습니다. '평균적인' 능력을 가진 여러분, 자신을 평범한 사람이라고 생각하는 당신도 성공을 손에 쥐고 불안에 시달리는 일 없이 자신의 길을 가는 '셀프 마스터'가 될 수 있습니다. 조건은 오직 다음의 두 가지입니다.

제1조건. 자신이 지금 하고 있는 일, 그리고 지금까지 이루어왔던 일에 결코 만족하지 말 것.

제2조건. '불가능'이라는 말은 나를 위해서 존재하는 것이 아니라고 강하게 믿을 것. 마음이 그 힘을 사용할 수 있도록 자신감을 쌓아갈 것.

많은 사람, 특히 나이 드신 분들은 다음과 같은 의문을 품으실 겁니다. '그런 자신감을 어떻게 뇌에 쌓아 가란 말입니까? 수많은 세월 동안 단조로운 일을 타성에 젖어서 해왔을 뿐, 실의의 나날을 보내왔는데 갑자기 뻔한 일상을 바꿔서 인생을 가치 있는 것으로 만들 계획을 세우고 실행하라니, 어떻게 그럴 수 있겠습니까?

'틀에 박힌 생활을 몇 년씩이나 계속해 왔고, 이제는 오직 무덤에 들어갈 날만 기다리며 느슨하고 단조로운 생활에 완전히 안주하고 있는 사람이 어떻게 거기서 벗어날 수 있겠습니까?'

대답은, 도전하면 할 수 있고 실제로 수많은 사람들이 그렇게 해왔다는 것입니다.

프랑스에서 칭송받는 위인 중에 리트레(Maximilien-Paul-Emile Littre, 1801~1881, 프랑스의 언어학자, 사전편찬가, 철학자)라는 인물이 있습니다. 대부분의 프랑스어사전을 집필 · 편찬, 학문의 금자탑이라 할 수 있는 업적을 쌓은 것으로 알려진 사람입니다. 리트레는 마흔 명의 아카데미 프랑세즈 회원 중 한 사람이었는데 파스퇴르(Louis Pasteur, 1822~1895, 프랑스의 화학자 · 세균학자)가 새로 선출되는 바람에 자리를 잃었습니다.

리트레는 그때부터 자신을 영원히 유명하게 만들어줄 사전 편찬 작업을 시작했습니다. 그것은 그가 60세를 넘긴 후의 일이었습니다.

8

평정한 정신상태가
집중력의 열쇠

집중할 때의 정신 상태는
어떤 것일까요?

집중력이 있는 사람은 언제나 평정심을 유지하는 반면, 생각이 산만한 사람은 쉽게 동요합니다. 그런 상태에서는 잠재의식의 저장고에서 의식 속으로 지혜가 전달되지 않습니다. 두 개의 의식이 조화롭게 작용하기 위해서는 평정한 정신 상태가 필요합니다. 집중할 때 마음의 평온이 찾아옵니다. 마음의 평정을 쉽게 잃는 사람은 마음을 진정시킬 수 있는 문학을 읽는 습관을 들입시다. 침착함을 잃었다고 생각되면 바로 '평정'이라고 말해 그 말을 머릿속에 떠올리면 두 번 다시 자제심을 잃는 일은 없을 것입니다.

마음이 평정을 되찾기 전까지는 완벽하게 집중할 수 없는 법입니다. 주위의 모든 것에 대해서 평정한 상태가 될 때까지 평정한 생각, 평정한 행동을 염두에 두시기 바랍니다. 그렇게 해서 온전한 평정 상태에 도달하면 아무런 문제도 없이 바라는 것에 집중할 수 있습니다.

마음이 평정한 상태에 있을 때, 두려움이나 불안, 공포, 고집은 모습을 감추며 그 어떤 부정적인 생각에도 흔들리지 않게 됩니다. 당신은 모든 두려움을 물리치고 자신이 재능에 넘치는 신성한 존재이자, 시간과 공간을 빈 틈 없이 채우고 있는 '유일하고 절대적이며 보편적인 원리'를 구현한 자라고 생각하게 됩니다. 자신은 무한한 가능성을 지닌, 무한의 자식이라고 생각하도록 합시다.

종이를 한 장 준비해서 '나는 내가 원하는 것을 전부 손에 넣을 수 있으며, 내가 되고 싶다고 바라기만 하면 무엇이든 될 수 있는 힘을 가지고 있다.'라고 적어보시기 바랍니다. 이것을 늘 마음에 새겨두면 커다란 도움이 된다는 사실을 알 수 있을 것입니다.

집중력의 노예가
되지 않기 위해.

성공하는 데 집중력이 없어서는 안 될 시대라고는 하지만 집중력의 노예가 되어 일에 대한 고민을 집에까지 가져와서는 안 됩니다. 이는 생명력의 불을 양쪽 끝에서 불태우는 것과 같은 것이기 때문에 예정보다 훨씬 더 빨리 연소해버리게 됩니다.

일에 지나치게 몰두해서, 교회에 가서도 일에 대한 것만 생각하기 때문에 목사님의 말씀은 귀에 들어오지도 않는 사람들이 많습니다. 극장에 가서도 마음은 일에 빼앗겨버렸기 때문에 연극을 즐길 기분이 아닙니다. 침대에 누워서도 일에 대한 생각 때문에 잠들지 못하면서, 왜 잠들지 못하는지 이상하게 생각하곤 합니다. 이것은 잘못 된 집중으로 위험한 것입니다. 자신을 컨트롤하지 못하기 때문입니다.

하나의 생각을 쉬지 않고 품고 있으면 육체적 쇠약을 불러오니 그것은 불건전한 상황입니다. 자신이 생각을 지배하는 것이 아니라 생각이 자신을 지배하도록 하는 것은 커다란 잘못입니다. 자기 자신을 지배하지 못하는 사람은 성공할 수 없습니다. 집중력을 컨트롤하지 못하면 건강을 해치게 될 것입니다. 다른 것은 무엇 하나 마음에 들어올 여지가 없을 정도로 한 가지에 몰두해서는 안 됩니다. 그것이 셀프컨트롤입니다.

눈앞을 지나는 것은 모두가 잠재의식에 인상을 남기지만, 그것에 주의를 기울이지 않으면 무엇을 봤는지 기억에 남지 않습니다. 예를 들자면, 사람들과 자동차가 오가는 거리를 걸어도 특별히 주의를 끄는 것이 아무것도 눈에 들어오지 않는다면 무엇을 봤는지 나중에 떠오르지 않습니다. 즉, 사람은 주의를 끄는 것만을 보고 있는 것입니다. 일도 마찬가지입니다. 당신은 자신이 생각하는 것만을 보고 기억합니다. 어떤 것에 집중하면 모든 능력을 거기에 쏟아 붓게 됩니다.

사고의 진동을
보냅시다.

   누구나 집중력으로 극복할 수 있는 나쁜 버릇을 몇 개씩 가지고 있기 마련입니다. 예를 들어서 당신에게 불평을 하는 버릇이 있다고 합시다. 그외에도 자신이나 타인의 트집을 잡거나, 자신에게는 다른 사람만큼 능력이 없다고 생각하거나, 자신은 누구보다 뛰어나지 못하다고 느끼거나, 스스로를 신뢰하지 못하거나, 혹은 이것들과 비슷한 나약한 생각을 품는 등의 나쁜 버릇을 생각해볼 수 있습니다. 이런 생각들을 제거하고 강한 생각들로 교체할 필요가 있습니다.

   '나는 나약한 인간이다.' 라고 생각할 때마다, 그러한 생각들이 실제로 자신을 나약한 사람으로 만들어간다는 사실을 생각하시기 바랍니다. 정신상태가 우리의 모습을 만들어냅니다. 불안에 시달리거나, 불평불만을 늘어놓거나, 괴로워하는 일로 얼마나 많은 시간을 낭비하고 있는지 자신을 관찰해보시기 바랍니다. 그런 일을 할수록 상황은 더욱 나빠집니다.

   부정적인 생각을 하고 있다는 사실을 깨달았다면 그 순간 긍정적인 생각을 하도록 하십시오. 좌절에 대해서 생각하기 시작했다면 성공에 대한 생각으로 바꿉시다. 당신의 내부에는 성공의 씨앗이 있습니다. 암탉이 알을 품듯 그 씨앗을 소중하게 다루면 곧 그것을 실현할 수 있습니다.

당신이 관계하고 있는 사람들을, 당신과 똑같이 느끼게 할 수 있습니다. 당신은 자신의 느낌의 진동을 밖으로 발신하고 있고 그것이 상대에게 전달되기 때문입니다. 무엇인가에 집중할 때 당신은 진동의 파장을 모두 거기에 쏟아 붓습니다.

사고란, 모든 생명의 진동의 방향을 결정하는 힘입니다. 어떤 사람이 많은 사람들과 방에 들어간다고 합시다. 만약 그가 자신을 대단치 않은 사람이라고 느낀다면 다른 사람은 그를 보지 않는 한 그가 있다는 사실을 깨닫지 못하며, 그를 봤다 하더라도 기억에 남지 않을 것입니다. 그에게 끌리지 않기 때문입니다.

하지만 그가 자신을 매력적이라고 생각, 그 생각에 집중하면 사람들은 그의 진동을 느끼게 될 것입니다. 당신이 느낀 것처럼 사람들에게도 느끼게 할 수 있는 것입니다.

이것은 법칙입니다. 집중력을 향상시켜 사고의 진동을 사람들에게 보냅시다. 그렇게 하면 영향력 있는 인물이 될 수 있습니다. 그리고 사물을 느끼는 법을 연마해야 한다는 사실을 잊지 마시기 바랍니다. 앞서도 말한 바와 같이 자신이 느낀 것 외에는 사람들에게 느끼게 하지 못하는 법입니다.

사람들의 눈에
어떻게 비칠지는 상관없습니다.

역사상의 위인이라 불리는 사람들을 살펴보면 그들이 열의를 가진 사람이었다는 사실을 알 수 있습니다. 무엇보다도 자신이 열의를 가지고 있었기 때문에 주위 사람들의 열의를 일깨울 수 있었던 것입니다. 열의는 누구나 잠재적으로 가지고 있는 것으로 그것을 일깨우면 굉장한 위력을 발휘합니다. 성공을 바라는 사람에게 없어서는 안 될 것이니 집중력으로 길러갑시다. 하루 중에 자신의 영혼과 차분하게 대화하는 시간을 만들어 두시기 바랍니다. 진지한 소망과 진심에서 우러나는 회한을 담아서 명상하면 명상한 사실을 실현할 수 있을 것입니다. 이것이 성공의 첫 번째 단계입니다.

'자신이 되고 싶은 사람처럼 생각하고, 말하고, 행동하면 되고 싶은 모습이 될 수 있을 것이다.'

당신은, 당신이 '나는 이렇다.' 라고 생각하고 있는 그대로의 인간입니다. 사람들 눈에 어떻게 비칠지, 그것과는 상관없습니다. 사람들 눈은 속일 수 있지만 자신을 속일 수는 없습니다. 두 손을 컨트롤하듯 인생과 행동도 컨트롤할 수 있습니다. 손을 올리고 싶을 때는 먼저 손을 올리는 것을 생각해야 합니다.

　인생을 컨트롤하고 싶다면 우선 자신의 생각을 컨트롤해야 합니다. 간단하지 않습니까? 그렇습니다. 자신이 생각하고 있는 것에 집중하기만 하면 간단히 할 수 있습니다.

　'우리가 할 수 있는 일은 자신이 '하겠다.' 고 생각한 일뿐이다.'

　생각을 집중하고 자신을 단련, 두뇌의 힘을 키워 정신적 에너지를 신장시킵시다. 그렇게 하지 않으면 게으른 사람, 차분하지 못한 사람, 무슨 일이든 바로 포기하는 사람, 아무런 쓸모도 없는 사람이 당신의 장래 모습이 될 것입니다. 모든 것은 당신의 집중력, 즉 생각을 한 곳에 모으는 것에 달려 있습니다. 그렇게 하기만 하면 당신의 생각은 변함없는 힘이 되어, 자신에게 도움이 되지 않는 일을 생각하며 시간을 낭비하는 일이 없어집니다. 자신이 원하는 것을 가져다주는 생각만을 뽑아서 하면 곧 그것이 실현됩니다. 우리가 마음속에서 만들어낸 것은 언젠가 현실이 됩니다. 그것은 법칙으로 정해져 있습니다. 잊지 마시기 바랍니다.

　옛날 사람들은 집중하지 않고 생각을 분산시켰지만 지금은 능률을 중히 여기는 시대기 때문에 성공이라는 이름에 값하는 것을 쟁취하기 위해서는 모든 노력을 집중해서 행해야만 합니다.

필사적으로 생각해도
안 될 때는

구제할 길 없는 절망 속에서 원하는 것이 찾아오기를 그저 팔짱을 끼고 앉아서 기다린다면 아무런 변화도 없을 것입니다. 하지만 전력을 다해서 손을 뻗기만 하면 바라는 것에 손이 닿을 것입니다. 자신의 한계를 설정하는 것은 자신 이외에 아무도 없습니다. 우리의 지금 모습은, 우리 내부의 상황의 결과입니다. 그리고 외부의 상황은 컨트롤할 수 있습니다. 컨트롤하는 것은 우리의 의지입니다.

우리는 집중을 통해서 원하는 것을 손에 넣을 수 있습니다. 왜냐하면 우리는 보편적인 힘과 공명하여, 거기서부터 원하는 것을 얻을 수 있기 때문입니다.

경주를 본 적이 있으실 겁니다. 전원이 일렬로 늘어섭니다. 다른 선수보다 빨리 결승점에 도착하는 모습을 각자가 마음속으로 그려봅니다. 이것은 일종의 집중상태입니다. 어떤 사람이 어떤 일에 대해서 생각하기 시작합니다. 온갖 종류의 생각들이 머릿속에 떠오르지만 집중력으로 한 가지 생각만을 선택, 그 이외의 것은 전부 내몰아버린 것입니다. 집중력이란, 무엇인가를 하고 싶다는 의지를 가지고 그것을 행하는 것에 다름 아닙니다.

　무엇인가를 이루고 싶다면 우선 평정하고 집중된, 감수성이 풍부해서 사물을 흡수하기 쉬운 정신상태에 자신을 놓아야 합니다. 경험이 없는 일을 해야 할 때는 천천히 신중하게 그리고 신속하게 행하면 그러한 정신상태를 확보할 수 있습니다. 초조함을 느끼거나 중압감에 시달리고 있을 때는 결코 할 수 없는 일을 할 수 있게 됩니다. '미친 듯이' 생각하거나 지나치게 결과에 집착하면 대부분은 자신 내부에 있는 사고나 아이디어의 흐름을 끊어버리게 됩니다. 어떤 아이디어를 떠올리려고 필사의 노력을 기울여도 떠오르지 않던 것이 생각을 중단한 순간 떠오른 경험을 틀림없이 당신도 하셨을 것입니다.

LESSON

9

나쁜 습관을 끊자

나쁜 습관을
어떻게 다루고 있습니까?

　우리가 성공하느냐 파멸하느냐, 그것에 습관이 미치는 영향은 인정하기 두려울 정도로 큰 법입니다. 집중력에게 있어서 습관은 무시무시한 적이자 든든한 아군입니다. 집중력에 방해가 되는 습관은 끊고, 집중력을 높일 수 있는 습관을 기르도록 합시다.

　대부분의 사람들은 습관의 지배를 받아 파도에 이리저리 떠밀리는 나뭇조각처럼 습관에 휘둘리고 있습니다. 그들이 어떤 일을 하는 방법은, 습관의 힘에 의해서 결정됩니다. 왜 이 방법이 아니면 안 되는가에 대해서 집중해서 생각해보지 않으며, 좀 더 좋은 방법이 있는지 살펴보려고도 하지 않습니다.

　레슨 9의 목적은 자신의 습관에 생각을 집중, 자신에게 있어서 긍정적인 습관과 부정적인 습관을 구분해내는 것입니다. 몇몇 필요한 변화를 일으키면 부정적인 습관도 유익한 것이 되며, 긍정적인 습관은 더욱 도움이 될 것입니다.

가장 먼저 알아야 할 것은 의식적이든 무의식적이든 모든 습관은 의지에 의해서 컨트롤되고 있다는 점입니다. 대부분의 사람들은 하나하나 차례로 새로운 습관을 만들어갑니다. 어떤 일을 같은 방법으로 몇 번 되풀이한 결과 그 방법으로 하는 습관이 몸이 배어버리는 경우는 흔히 볼 수 있습니다. 그리고 반복하는 횟수가 많을수록 그 습관은 더욱 튼튼하게 뿌리를 내려 당신의 몸에 배게 됩니다. 하지만 어떤 습관이든 그것과 반대되는 것에 강하게 집중함으로 해서 버릴 수 있습니다.

우리는 습관의 동물입니다. 즉 '과거의 자신의 모방자'인 것입니다. 우리의 의지는 '휘거나', '접히기' 쉬운 것으로, 그것은 마치 우리가 한 장의 종이를 접을 수 있으며 그것을 접을 때마다 자국이 남아 다음부터는 접기 쉬워지는 것과 같습니다. '지성과 의지는 정신적인 기능이지만 물질 속에 묻혀 있다. 그리고 지성과 의지의 모든 움직임에는 물질적인 상관물인 뇌의 움직임이 대응한다.' 이것이 사고의 습관, 의지의 습관이 형성되는 이유입니다. 육체적인 움직임은 전부 의지와 지성의 활동을 수행하고 있는 것입니다. 우리 신경계의 현재 상황은 그처럼 만들어져 온 것입니다.

대부분의 사람들은 나이를 먹어감에 따라서 기계처럼 되어갑니다. 지금까지 만들어온 습관이 위력을 더해가기 때문입니다. 우리는 자신이 익숙해진 방법으로 일을 합니다. 그 때문에 동료들은 당신이 특정한 방법으로 일을 하는 것을 당연하다고 생각하게 됩니다. 습관이 인생에 얼마나 커다란 영향을 미치는지, 그리고 좋은 습관을 들이는 것은 나쁜 습관을 들이는 것과 마찬가지로 간단한 일이니 좋은 습관만을 들여야 한다는 사실을 아셨을 겁니다. 당신의 습관에 책임을 질 수 있는 것은 당신밖에 없습니다.

누구에게나 습관을 만들 자유가 있습니다. 올바른 습관을 들이는 것의 중요성을 모든 사람들이 이해한다면 세상은 크게 변할 것입니다. 모든 사람들이 지금보다 훨씬 더 행복해질 것입니다. 그런 세계에서는 한정된 사람들만이 아니라 모든 사람들이 성공을 손에 넣을 수 있을지도 모릅니다.

습관을 컨트롤하는 다섯 가지 원칙.

습관은 젊었을 때 더 만들기 쉽지만, 어떻게든 모습을 바꿀 수 있는 젊은 시기를 지났다면 습관의 컨트롤을 시작해야 할 때는 바로 지금입니다. 지금보다 더 젊어질 수는 없기 때문입니다. 다음 원칙을 기억하여 도움이 되도록 합시다.

● 제1원칙

'자신의 신경계를 적으로 만들지 말고 내 편으로 만들어라.'

● 제2원칙

'낡은 습관에서 벗어나 새로운 습관을 들일 때는 단호한 결의로 첫발을 내딛어라.'

어렸을 때부터 올바른 행동을 하는 습관을 들인 사람은 선량한 동기만을 가지고 있습니다. 따라서 선량한 동기를 기르는 습관에 끈기 있게 집중하는 것이 중요합니다. 도움이 되는 것 중 손에 넣을 수 있는 것은 남김없이 모으도록 합시다. 나쁜 습관을 만들어 위험한 일을 해서는 안 됩니다. 오늘 새로운 첫발을 내딛읍시다. '지금까지 왜 이것을 해왔는가?'를 곰곰이 생각해보시기 바랍니다. 만약 그것이 자신을 위한 일이 아니라면 단호하게 끊도록 합시다.

● 제3원칙

'새로운 습관이 생활 속에 완전히 정착될 때까지 단 한 번의 예외도 허용해서는 안 된다.'

새로운 습관이 뿌리를 내리기 전에 한 번이라도 타협을 하면 그때까지 노력해서 쌓아온 것이 수포로 돌아가 버리고 맙니다. 마음속에는 두 개의 상반되는 경향이 있습니다. 한쪽은 단호하게 변하지 않기를 바라며, 다른 한쪽은 타협을 하고 싶어 합니다. 반복을 통해서 당신은 단호한 자신을 만들어갈 수 있습니다. 어떠한 반대세력에도 능란하게 대처할 수 있도록 당신의 의지를 단련시킵니다.

● 제4원칙

'어떤 결의든 그것을 실행에 옮길 처음 기회를 재빨리 포착할 것. 동시에 자신이 들여야겠다고 간절하게 원하고 있는 습관을 실행할 마음이 들었다면 그 기회를 놓쳐서는 안 된다.'

결의를 했다 하더라도 그것을 지키지 않으면 아무런 가치도 없습니다. 어떻게 해서든 결심한 것은 전부 지키도록 합시다. 그렇게 하면 바라던 것이 손에 들어올 뿐만 아니라 뇌세포와 그 관련기능이 결의를 실행하기 위해서 스스로를 조정하는 습관을 들일 수 있게 됩니다.

결의를 지키면 가치 있는 습관이 생겨나며, 결의를 지키지 않으면 위험한 습관이 생겨납니다. 중대한 결의든 사소한 결의든 지키는 것에 집중하고, 조그만 결의도 결의를 지키는 습관을 쌓아간다는 의미에서 역시 중요한 것이라는 사실을 잊지 마시기 바랍니다.

● 제5원칙

'매일, 당장 필요하지 않은 일로 조금씩 단련해서 노력하는 모습을 유지하자.'

의지를 단련할수록 습관을 컨트롤하기 쉬워집니다. 며칠 간격으로 어려운 일을 선택해서 단련해나가면, 정말 어려운 일을 당했을 때도 기력을 잃거나 경험 부족으로 물러서는 일 없이 시련을 견딜 수 있을 것입니다.

이와 같은 종류의 고행은 집이나 물건을 위해서 드는 보험과 같은 것입니다. 보험료를 내는 동안에는 아무런 도움도 되지 않으며 낸 돈이 돌아오지 않는 경우도 있습니다. 그러나 화재가 나면 보험금이 잿더미 속에서 우리를 구출해줍니다. 그럴 필요가 없는 것에 굳이 주의력을 집중시켜 에너지를 소비하고 금욕적인 행동을 하는 습관을 들이는 것도 보험료를 내는 것과 마찬가지입니다.

언젠가 주위의 세계가 굉음을 내며 무너지고 동료들이 모두 돌풍에 휩싸인 낙엽처럼 떨어져 나가는 속에서도 당신은 미동조차 하지 않고 우뚝 서 있게 될 것입니다.

젊은이에게는, 자신의 습관에 대해서 곰곰이 생각하도록 합시다. 생각하지 않으면 '걸어 다니는 악습'이 되어버린다는 사실을 깨닫게 해주어야 합니다. 어떻게든 모습을 바꿀 수 있는 젊은 시기는, 빛나는 장래를 위해 기초를 닦는 데 써야만 합니다.

우리는 왜 습관의
동물일까요?

좋든 나쁘든 습관이 미치는 커다란 영향은 어떤 평가를 내려도 결코 과대평가는 되지 않을 것입니다. '습관은 인간을 지배하는 법칙 중에서도 가장 뿌리 깊은 것이다.'라고 말합니다. 인간을 강인하게 만드는 것도, 나약하게 만드는 것도 모두 습관이기 때문에 그 누구도 자신의 습관보다 강할 수는 없습니다.

습관은 종종 '노력절약적 발명'이라고 불립니다. 무엇인가가 일단 습관이 되면 기력이나 체력을 많이 들일 필요가 없기 때문입니다. 습관은 깊이 뿌리를 내릴수록 무의식적으로 행하게 됩니다. 즉, 습관이 없으면 주의력이 더욱 필요해지게 되는 것이니 습관은 인간이 낳은 절약기술이라고 할 수 있을지도 모르겠습니다.

예를 들자면, 자동차의 통행량이 많은 길을 건널 때는 멈춰 서서 좌우를 살피는 습관 덕분에 사고를 당하지 않고 건널 수 있습니다. 올바른 습관은 과오나 재난으로부터 우리를 지켜줍니다.

잘 알려진 사실이지만, 자동차 조작법을 자신의 몸으로 기억해서 습관화하지 않으면 자동차를 안전하게 운전할 수는 없는 법입니다. 긴급사태가 일어났을 때 바로 대처할 수 있도록. 안전이 신속한 대처에 걸려 있는 일에 대해서는 무의식적으로 행동할 수 있어야만 합니다. 습관은 위험과 피로를 덜어주며 정확한 판단력을 길러줍니다.

LESSON

10

비즈니스의
달인이 된다

성공한 사업은 대부분
우연의 산물이 아닙니다.

마찬가지로 실패한 사업도 운이 나쁜 것이 원인이 아닙니다. 그런 회사
의 창업자들을 조사해봤다면 실패는 사전에 예측할 수 있었을 것입니다.
물론 처음부터 이익을 내는 회사를 만들 수 있다고는 할 수 없으며 보통
은 도중에 여러 번 방침을 변경할 필요가 있는 법입니다. 계획을 세워도
그대로는 진행되지 않습니다.

다소 변경해야 할 필요도 생겨날 것이며 몇 가지 점에서 사업을 확대하
게도 될 것입니다. 그리고 사업을 확대해나가면 목표달성의 힘도 확대됩
니다. 회사를 성공시키고 싶다는 지속성 있는 강한 소망이 생겨나게 됩
니다.

사업을 시작할 때는 운영방법에 대해서 대략적인 생각밖에 갖고 있지
못한 법입니다. 세세한 부분은 사업을 진행시켜 가면서 메워나가게 됩니

다. 그 '세부'에 집중하는 것이 중요합니다. 하나하나 해결해 나가면 해결해야 할 또 다른 '세부'가 생겨납니다. 이렇게 해서 당신은 '제1의 노력목표'를 달성하게 되고 새로운 기회가 열리게 됩니다.

하나의 소망을 품으면 또 다른 소망이 생겨나게 됩니다. 하지만 첫 번째 소망을 달성하지 못하면 두 번째 소망도 실현할 수 없습니다. 소망을 행동으로 옮기지 않는 사람은 단순한 몽상가입니다. 순수하고 강력하며 지속성이 있으면 소망은 뛰어난 창조의 힘이 됩니다. 우리를 행동하게 만드는 것은 소망이며, 우리는 소망을 실현함으로 해서 한층 더 강하고 커질 수 있습니다.

성공을 실현한 사람들은 모두 가치가 있는 사람들입니다. 사업을 처음 시작했을 때는 뒤에 나타나게 될 수많은 문제의 해결방법을 알 수 없었지만 문제가 생겨날 때마다 최선을 다해서 대처했기 때문에 보다 커다란 일을 이룰 수 있는 힘을 단련할 수 있었던 것입니다. 모든 일에 능란하게 대처하는 방법을 배움으로 해서 비즈니스의 달인이 될 수 있습니다.

자신의 비즈니스에 대해서 철저하게 알고 있는 사람은 그렇지 못한 사람보다 훨씬 더 간단하게 그리고 능란하게 회사를 운영할 수 있습니다. 숙련된 경영자는 사장실에 앉아 있어도 회사 내에서 무슨 일이 행해지고 있는지 정확하게 파악하고 있습니다. 소정의 시간 안에 어떤 일이 행해져야만 하는지를 알고 있으며, 달성되지 않으면 종업원이 계획대로 일을 처리하지 못했기 때문이라는 사실을 알고 있습니다. 그것을 알고 있다면 해결책을 강구하는 것은 간단한 일입니다.

비즈니스의 성공은 얼마나 집중해서 노력하느냐에 달려 있습니다. 쏟아 부을 수 있는 정신력은 전부 쏟아 부어야만 합니다. 정신력은 사용하면 사용할수록 더욱 풍부해집니다. 즉, 오늘 많은 일을 수행하면 수행할수록 내일의 문제를 해결하는데 사용할 수 있는 힘이 늘어나는 법입니다.

커다란 일에도
두려워할 필요는 없습니다.

지금은 다른 사람 밑에서 일하고 있지만 언젠가는 스스로 사업을 시작해야겠다고 생각하고 있다면 무엇을 하고 싶은 것인지 신중하게 생각해 봐야 합니다. 이것을 해야겠다고 결심했다면 당신은 그것에 이끌리게 될 것입니다. 당신의 소망을 실현하기 위한 길을 열어줄 어떤 법칙이 작용하는 것입니다. 물론 소망의 뒤편에서는 목적 달성을 위해 필요한 노력을 계속해야만 합니다.

소망을 실현하기 위해서 당신이 가지고 있는 힘을 사용하시기 바랍니다. 소망을 정하고 계속해서 그것을 실현하겠다는 결의를 가지고 있으면 당신은 의식적으로도, 무의식적으로도 실현을 향해서 일하게 됩니다. 마음에 목적을 정해 거기에 생각을 집중시키고 지성을 구사해서 전력을 기울인다면 당신은 곧 커다란 뜻을 이루게 될 것입니다.

나는 성공한 사람이라고 생각하고 그렇게 믿으면, 사람들로부터 인정을 받는 태도가 몸에 배고, 성공한 사람이 되기 위해 필요한 것을 사고의 흐름이 가져다줍니다. 커다란 일도 두려워할 필요는 없습니다. 용기를 가지고 맞서서, 목적 달성으로 인도해줄 것이라고 당신이 생각하는 방법으로 진행시켜 나가면 되는 것입니다. 처음부터 커다란 성공을 거둘 수 없을지는 몰라도 목표를 높게 설정해두면 거기에 조금 못 미친다 하더라도 많은 것을 달성할 수 있습니다.

다른 사람이 한 일은 당신도 할 수 있습니다. 다른 사람이 하지 못한 일이라 할지라도 당신은 할 수 있을지 모릅니다. 성공하겠다는 강한 소망을 늘 마음속에 품고 계시기 바랍니다. 자신의 일과 목표를 사랑하고 '최대 다수의 최대행복의 원칙(영국의 철학자 제레미 벤담(1748~1832)이 주장한 공리주의 원칙)'에 가능한 한 충실하면 당신의 인생은 실패하지 않을 것입니다.

성공을 위한
비즈니스 자세란?

　인생을 최대한으로 활용하기 위해서는 성공을 위한 비즈니스 자세, 즉 자기 자신과 타인 모두에게 멋진 일이 되는 것을 추구하는 자세를 길러야만 합니다. 그렇게 하는 것만으로도 성공하는 경우도 적지 않습니다. 사람 속에 있는 능력을 최대한으로 이끌어내는 것입니다.

　긴 여행을 할 때 중요한 것은 일시적인 열정이 아니라 끊임없이 계속되는 착실한 노력입니다. 순간적인 열정은 피로를 부르기 때문에 계속하는 것을 어렵게 만듭니다.

　자신의 생각을 신뢰하시기 바랍니다. 다른 사람의 생각과 마찬가지로 뛰어난 것입니다. 일단 결론을 내렸다면 그것에 따르기 바랍니다. 자신의 판단에 의심을 품거나 흔들려서는 안 됩니다. 자신이 내린 모든 결단에 자신감을 갖지 못하면 의문과 불안에 시달리게 되며 그 결과 당신의 판단력은 거의 가치가 없는 것이 되어버리고 맙니다.

　자신이 옳다고 생각하는 것에 따라서 판단을 내리고, 모든 과오에서 배우는 사람은 최고의 성과로 이어지는 안정된 정신상태를 익힐 수 있게 됩니다. 그리고 주위 사람들의 신뢰를 얻게 됩니다. 날씨처럼 불안정한 사람이 아니라 자신이 바라는 것을 알고 있는 사람이라는 평가를 얻게 됩니다.

현대인은 믿을 만한 사람과 일을 하고 싶어 합니다. 비즈니스 세계에서 믿음직하지 못한 사람은 점점 더 멀리하게 됩니다. 신뢰할 수 있는 회사는 굳은 결의와 판단력과 신뢰성을 갖춘 사람과 일을 하고 싶어 하는 법입니다.

즉, 자신의 사업을 일으키고 싶어 하는 사람에게 있어서, 건강한 몸이라는 유일한 예외를 제외한다면 최대의 힘이 되어주는 것은 좋은 평판입니다.

신경을 소모하게 하는 범인은 누구?

정신력을 전부 집중하면 비즈니스를 성공시키는 것은 그리 어려운 일이 아닙니다. 문제는 자신이 무엇을 하고 싶은 것인지 몰라 여기저기에 손을 내미는, 목적이 확실하지 않은 사람입니다. 일 때문에 신경을 소모하고 있다고 말하는 사람이 있습니다. 신경을 소모하게 만드는 범인은 일이 아니라 불안정한 상태에서 오는 초조함과 고민, 불안입니다. 계획을 수행하는 데 고통이 수반될지는 모르겠지만 그 후에는 즐거움이 기다리고 있습니다. 정상적인 범위에서 벗어난 과로가 아닌 한, 잃어버린 에너지는 회복력이 되찾아줄 것입니다.

그날의 일을 완벽하게 마무리 지으면 그 다음 날에는 더욱 커다란 일을 처리할 수 있는 능력이 길러집니다. 이와 같은 계단을 밟은 성장이 커다란 계획의 수행도 가능하게 합니다. 매일, 매시간 단위로 해야 할 일을 계획하는 사람이 성과를 낳습니다. 하루가 끝날 때마다 목표에 한 걸음 다가가야만 합니다. 무슨 일이 있어도 전진하며 매일 무엇인가 하나는 진보하겠다는 마음가짐을 잊지 않으면 앞으로 나갈 수 있습니다. 길을 찾아내겠다는 강한 결의만 있다면 정확한 방향은 몰라도 상관없습니다. 하지만 일단 출발했다면 뒤로 물러서서는 안 됩니다.

총명한 사람조차도 자신의 멘탈 파워의 가능성에 대해서는 충분히 파악하고 있지 못하기 때문에 과대평가보다는 과소평가하는 경향이 있습니다. 예전의 그 누구도 달성하지 못했다는 이유만으로 어떤 목표를 달성 불가능한 것이라고 생각하지 마십시오. 매일, 누군가가 지금까지 누구도 해낸 적이 없는 무엇인가를 달성하고 있습니다. 예전에는 커다란 사업을 궤도에 올려놓으려면 몇 십 년이라는 세월이 필요했지만 요즘에는 몇 년, 몇 개월이면 됩니다.

나날의 행동을 신중하게 계획하면 어떤 높은 목표도 달성할 수 있습니다. 모든 행동에 명료하게 집중된 생각으로 임하면 질 높은 일을 수없이 해낼 수 있을 것입니다. 하루의 일의 양을 아주 많이 잡아서 일을 해보고, 그 날 해야 할 일의 양을 결정해놓지 않고 일을 했을 때와 비교해보시기 바랍니다. 처리량이 놀랄 만큼 늘었을 것입니다.

목표 달성을 위해서 일을 할 때는 흐리멍텅하고 구체성이 떨어지며 확실하지 못한 방법으로 시작해서는 안 됩니다. 무슨 일이든, 집중에 도움이 되고 긍정적인 생각을 갖게 해주는 적극성과 열의를 가지고 시작하도록 합시다. 얼마 지나지 않아서 보다 커다란 일을 계획할 수 있는 시간적 여유가 생긴다는 사실을 알게 될 것입니다.

'이 사람을 표본으로 삼으면 틀림없다!'

타고난 리더라고 불리는 사람들은 자신이 선택한 테마에 관해서 '마음의 유인력의 법칙'으로 지금까지 다른 사람들이 품어왔던 아이디어를 자신의 것으로 만듭니다. 이와 같은 형태의 도움은 매우 중요합니다. 자신을 올바로 단련했다면 타인의 사고에서 많은 것을 얻어낼 수 있으며, 당신이 자신 속에서 무엇인가 가치 있는 것을 발산하면 다른 사람들도 그것을 활용할 수 있게 됩니다. '우리는 모든 시대의 계승자다.' 라는 말이 있습니다. 그렇다면 우리는 물려받은 것을 사용하는 방법을 알 필요가 있습니다.

자신감과 힘에 넘쳐나며 언제나 적극적이고 결연하게 일에 임하는 사람은 만나는 모든 사람들에게 인정을 받으며 자신과 같은 자질을 상대방 속에도 불어넣습니다. 당신은 '이 사람을 표본으로 삼으면 틀림없다.' 고 느낄 것이며, 그는 자신을 앞으로 나가게 만드는 힘과 같은 힘을 당신 속에서도 불러일으킬 것입니다.

열의도 기백도 없이 어떤 일에 착수하면 성공을 기대할 수는 없습니다. 회사를 세우려면 실제로 궤도에 오르기 전에 비즈니스가 성공했을 때의 모습을 마음에 그려보는 것이 중요합니다. 지금까지 이루어왔던 그 어떤 위업도 처음에는 그것을 이룬 사람의 마음속 비전에 지나지 않았습니다.

처음에는 희미한 회사의 이미지밖에 없었던 것이 마음속에서 하나하나 세부의 모습을 더해간 것입니다. 그러다 드디어 명확한 아이디어로 발전, 그런 다음에 실현된 것인데 그것은 단지 마음속의 개념이 구체화된 것에 지나지 않습니다.

현대의 비즈니스맨은 눈앞의 계획에만 만족하지 않고 앞을 향해서 계획을 세워 나갑니다. 그렇게 하지 않으면 앞서 나가는 라이벌에게 뒤처지게 됩니다. 지금 우리가 하고 있는 일은 예전에 누군가가 신중하게 음미하고 계획했던 일입니다. 눈부신 약진을 하고 있는 기업은 모두 이 방법으로 운영되고 있습니다. 젊은 사업가가, 아버지가 평생에 걸쳐서 이룬 것보다도 많은 일을 몇 년 만에 달성하는 것은 이러한 이유에서입니다.

당신이 일이나 회사 때문에 만신창이가 되어야만 할 이유는 어디에도 없습니다. 만약 그렇게 됐다면 무엇인가가 잘못 된 것입니다. 자신이 하고 있는 일과 조화를 이루고 있지 못하기 때문에 끌어들여서는 안 될 힘과 영향력을 끌어들이고 있는 것입니다. 성격에도 맞지 않고 훈련도 받지 않았기 때문에 적임이라고 할 수 없는 일을 억지로 하려는 것만큼 사람을 지치게 만드는 것도 없습니다.

누구나 자신이 사랑하는 일을 하고, 자신이 공감할 수 있는 활동 속에 몸을 두어야만 합니다. 그렇게 하면 언제나 최고의 일을 할 수 있으며, 비즈니스를 진심으로 즐길 수 있을 것입니다.

그런 상황에서라면 지속적으로 자신의 힘을 기르고 개발함과 동시에 일을 통해서 인류에 대한 성실하고 헌신적인 봉사도 가능할 것입니다.

책임을 두려워하고 있는 당신에게.

비즈니스의 성공은 우연의 산물이 아니라 과학적인 아이디어와 계획을 과감하게 실행에 옮긴 결과입니다. 당신의 멘탈 파워를 활용하고 신장시켜 갑시다. 당신이 하는 일은 전부 마음으로 생각한 것의 결과이기 때문에 당신은 자신의 모든 행동을 컨트롤할 수 있습니다.

당신에게 불가능이란 없습니다. 성공은 멘탈 파워를 어떻게 활용하느냐에 달려 있습니다. 그리고 당신의 멘탈 파워는 멋진 가능성으로 넘쳐나고 있습니다. 꼭 활용해서 당신 자신뿐만 아니라 주위 사람들의 진보에도 도움이 되도록 하십시오. 당신이 관계하고 있는 사람들의 비전을 제시해주면 당신 자신의 인생관도 넓어질 것입니다.

사람이 성장하는 데 책임을 회피해서 갈 수 있는 길은 없습니다. '공급의 법칙'으로 시선을 돌리시기 바랍니다. 즉, 당신은 전 세계를 자신의 영역으로 만들 권리를 가지고 있다는 말입니다. 과연 당신은 얼마만큼의 범위를 정복했습니까? 어떤 일을 이루었습니까? 당신은 책임을 두려워하고 있습니까? 언제나 책임에서 몸을 피하고, 뒷걸음질치고, 회피하고 있습니까? 만약 그렇다면 당신은 참된 인간이라고 할 수 없습니다.

당신 내부에 있는 고고한 당신은 두려움을 모릅니다. 참된 인간으로서 고고한 당신이 가지고 있는 힘을 이끌어낸다면 당신은 힘에 넘쳐나 어려운 문제에도 마음 놓고 임할 수 있을 것입니다.

LESSON

11

용기 있는 사람

용기란 인간의 토대가
되는 것입니다.

용기 있는 사람은 끈기 있는 사람입니다. 자신이 믿고 있는 사실을 말하고 그것을 실행합니다. 용기 있는 사람은 자신감에 넘쳐나는 사람입니다. 강한 인간의 조건인 도덕심과 정신력을 모두 자신의 것으로 만듭니다. 반면 용기가 없는 사람은 동요, 방황, 망설임, 불안정한 목표 등과 같은 약한 인간의 성질을 전부 끌어들입니다.

이것으로 용기에 집중하는 것이 얼마나 중요한지 아셨을 것입니다. 용기는 성공에 없어서는 안 될 요소입니다.

용기의 결여는 정신적, 도덕적 문제뿐만 아니라 금전적인 문제까지도 일으킵니다. 어떤 새로운 문제가 일어나면 용기가 없는 사람은 그것을 극복할 수 없는 것이라고 보고 할 수 없는 이유를 찾아내려 합니다. 당연히 실패를 하게 됩니다.

당신도 신중하게 생각해보시기 바랍니다. 자신의 힘을 사용해서 달성할 수 있을 것 같은 일을 단순히 '할 수 있을지도 모른다.'고 보지 말고 '충분히 가능한 일'이라고 생각하면 지금보다 훨씬 더 많은 것을 달성할 수 있습니다.

왜냐하면 이것은 불가능하다고 생각하면 그 순간에 실패로 연결되는 모든 요소를 자신에게 끌어들이게 되기 때문입니다. 용기가 결여되면 자신에 대한 자신감이 무너져버립니다. 성공을 위해서 무엇보다 중요한, 단호하고 힘에 넘치는 태도가 무너져버립니다.

용기가 부족한 사람은
어떤 사람?

용기가 부족한 사람은 비열함, 나약함, 타락, 파멸과 같은 것을 부르는 요소를 무의식중에 자기 쪽으로 끌어들입니다. 그리고 어떤 것이 필요하다고 강하게 바라지도, 붙잡기 위한 노력도 하지 않았다는 사실은 생각지도 않고 자신은 운이 나쁘다며 한탄합니다.

우리는 우선 무엇인가를 손에 넣고 싶다는 강한 소망을 품을 만한 용기를 가져야만 합니다. 그리고 그 소망을 실현하기 위해서 모든 정신력을 쏟아 부어야 합니다. 그와 같은 소망에는 불리한 조건까지도 전부 유리한 조건으로 만들어버릴 만큼의 당당한 힘이 있습니다. 전쟁터이든 비즈니스 현장이든 용기 있는 사람은 다른 사람을 지휘하는 입장에 서게 됩니다.

용기란 무엇일까요? 용기란, 무엇인가를 해내겠다는 의지입니다. 용기를 갖는 데 필요한 에너지는 겁쟁이가 되기 위해 필요한 에너지와 똑같습니다. 올바른 방법으로 올바로 훈련하기만 하면 되는 것입니다.

우선 눈앞의 과제에 정신력을 집중시키시기 바랍니다. 다음으로, 성공에 필요한 힘을 전부 끌어들이면서 당신이 집중하고 있는 정신력을 신중하고 착실하게 바람직한 결과 쪽으로 향해서 움직이도록 하십시오. 반대로 두려움은 우리의 정신력과 도덕심을 사라지게 하기 때문에 실패를 부르게 됩니다.

용기가 부족한 사람은 새로운 문제와 맞설 때 두려움을 품는 습관이 있기 때문에 바로 알아볼 수 있습니다. 우리는 바로 습관을 만들어버리니 용기가 없는 사람과의 만남은 피하는 것이 현명합니다. 용기가 있는 사람은 그 무엇도 두려워하지 않습니다.

나 역시도 용기 있는 사람이 되지 못할 이유는 어디에도 없다. ─오늘부터 그렇게 생각하시기 바랍니다. 조금이라도 불안한 생각이 든다면 독사를 내쫓듯이 머릿속에서 내쫓기 바랍니다. 자신에게나 타인에게 바람직하지 않은 생각은 하지 않는 습관을 들입시다. 오래 된 문제든, 새로운 문제든 그것과 맞설 때는 언제나 '나는 용기가 있다.'고 생각하도록 하십시오. 불안이 머릿속을 스치고 지나간다면 떨쳐버리도록 합시다. 당신 마음의 지배자인 당신이 모든 사고를 컨트롤하는 것이라는 사실을 잊지 마십시오. 효과적인 다음의 자기 암시를 사용하십시오.

'내게는 용기가 있다. 왜냐하면 내가 그것을 바라고, 필요로 하고, 이용하고, 두려움이 만들어내는 나약한 인간이 되기를 거부하기 때문이다.'

용기를 버리는 것은 어떤 이유로도 정당화될 수 없습니다. 재난을 만나서도 용기가 있으면 그것을 직시하고 극복할 수 있지만, 용기가 없으면 틀림없이 좌절하고 말 것입니다. 따라서 '두려움'이야말로 유일하게 두려워해야 할 것이라는 생각을 갖도록 합시다.

다른 사람의 의견에 휘둘려서는 안 됩니다. 당신에게 어떤 능력이 있는지, 당신이 자기 내부에 있는 힘을 사용해서 무엇을 할 수 있는지 다른 사람들은 알 리가 없습니다. 솔직히 말하자면 실제로 시험해보기 전에는 당신 자신도 그것을 알 수 없습니다. 그런데 다른 사람이 그것을 어떻게 알겠습니까? 다른 사람에게 당신의 가치를 매기지 못하도록 하십시오.

빛나는 업적은 거의 대부분, 그런 것은 불가능하다고 일컬어진 뒤에 이루어졌습니다. 우리가 중요한 법칙을 이해하면 모든 일이 가능해집니다. 불가능한 일이라면 우리가 생각해낼 리 없습니다.

용기는 공짜로 손에
넣을 수 있는 것입니다.

　자신이 옳다고 생각하는 일을 다른 사람의 의견에 따라 바꾸는 순간, 당신은 스스로에 대한 자신감을 잃게 됩니다. 그 자신감은 당신 속에 있는 용기를 일깨우고, 용기가 만들어내는 힘을 지탱해주는 소중한 것입니다. 계획에 망설임을 느끼는 순간, 당신은 자신이 아닌 타인의 생각을 수행하기 시작합니다. 감독하는 입장이 아니라 감독받는 입장이 되어버립니다. 자기 마음속의 용기와 결의를 내버리게 되어 그 결과 자신의 일을 계속해서 수행하는 데 없어서는 안 될 힘을 잃어버리게 됩니다. 자신감을 가지고 임해야 할 때에 겁쟁이가 되어 그것이 실패를 부릅니다.

　자신의 계획이 타인에 의해 좌우되는 것을 받아들이면 스스로 내려야 할 판단을 내리지 못하게 됩니다. 타인의 영향으로 자신의 용기와 결의를 버리고 그 대신으로 상대방의 용기와 결의도 받아들이지 않기 때문에 궁지에 몰리게 됩니다. 자신의 전 재산을 타인에게 넘겨주고 어음도 받지 않은 것과 같은 것입니다.

　불안이나 빈곤, 병과는 정반대되는 것에 집중합시다. 자신의 능력에 의심을 품어서는 안 됩니다. 당신에게 넘쳐날 정도의 능력이 있다는 사실은, 실제로 사용해보면 알 수 있을 것입니다. 이렇게도 많은 사람들이 좌절하는 것은 자신의 능력에 의심을 품기 때문입니다. 그들은 최고의 전력이 될 수 있는 강한 정신력을 기르지 않고 두려움에 짓눌려버립니다. 두려움은 에너지를 마비시키고, 성공으로 인도해줄 힘을 멀어지게 합니다. 인간에게 있어서 두려움은 최고의 적입니다.

자신이 많은 것을 달성할 수 있다는 사실을 정말로 알고 있는 사람은 많지 않습니다. 넘쳐나는 힘을 손에 넣기를 바라는 사람은 많지만 자신 속에 멋진 가능성이 있다는 사실을 깨달은 사람은 슬프게도 극소수에 불과합니다.

나는 이것을 할 수 있다고 마음 깊은 곳에서 강하게 믿으면, 정말로 할 수 있을 때까지 당신의 용기는 착실하게 자라납니다. 거기까지 갔다면 그것을 달성하는 것은 한순간입니다. 크고 작은 여러 가지 장애가 나타날지도 모르지만 결연한 용기가 있다면 극복할 수 있을 것입니다. 용기 이외에 장애를 극복할 수 있게 해주는 것은 아무것도 없습니다. 강한 용기를 갖는다면 장애물이 되는 유해한 힘을, 그것을 지배하는 더욱 강한 힘을 자신에게 따르게 함으로 해서 제거할 수 있습니다.

용기는 무상으로 손에 넣을 수 있는 것입니다. 당신은 용기를 믿고, 요구하고, 사용하기만 하면 되는 것입니다. 비즈니스를 성공시키고 싶다면 성공할 것이라고 믿고, 성공할 것이라고 공언하고, 실제로 그렇게 되도록 부지런히 일을 해야 합니다. 용기 있는 사람 앞에서 어려움은 사라져버립니다. 군대에서든 사회에서든 용기 있는 사람은 자신의 기백으로 많은 사람들의 마음을 불타오르게 할 수 있습니다. 두려움과 마찬가지로 용기는 전염되는 것이기 때문입니다.

용기 있는 사람은 인생의 시련이나 유혹을 극복하여 성공을 자신의 것으로 만들며, 견실한 판단을 내리고, 사람을 움직이는 강한 인격을 갖게 됩니다. 그리고 곧잘 자신이 살고 있는 지역의 좋은 지도자가 되기도 합니다.

LESSON

12

유복해진다는 것

사람은 가난해지기 위해서
태어난 것이 아닙니다.

올바른 조건 하에서 손에 넣은 부는 인생을 풍요롭게 해줍니다. 모든 것에는 나름대로의 가치가 있습니다. 모든 사물에는 좋은 사용법과 나쁜 사용법이 있습니다. 부와 마찬가지로 마음의 힘 역시 좋은 방향으로도 나쁜 방향으로도 향하게 할 수 있습니다.

나약해진 힘을 재생하기 위해서는 조금 휴식을 취할 필요가 있습니다. 그러나 너무 긴 휴식은 게으른 버릇을 들게 하거나, 머리의 회전을 둔하게 하거나, 단지 몽상을 좇게 하는 등의 타락한 상태를 불러옵니다.

부정한 방법으로 타인의 재물을 빼앗는 것은 자신의 힘을 잘못 사용하는 것입니다. 하지만 당신의 부가 정당한 방법으로 손에 넣은 것이라면 그것은 기쁜 일입니다. 우리는 부를 통해서 자기 자신은 물론 인류도 향상시킬 수 있습니다.

유복해진다는 것은 많은 사람들의 목표이며, 사람들은 그것을 위해 노력을 아끼지 않습니다. 그들이 부를 추구하는 이유는 매력적인 양복이나 생활양식을 손에 넣어 많은 친구를 만들기 위해서입니다. 친구가 없으면 자신의 환경에는 의미가 없다고 생각하고 있습니다. 하지만 실제로는 우선 자신과 자신의 환경을 매력적인 것으로 만들면 사람들은 끌려오게 되는 법입니다. 올바른 생각이 그것에 어울리지 않는 불쾌한 환경에 모여드는 법은 없습니다.

부를 획득하기 위한 첫 번째 단계는, 자신을 좋은 방향으로 감화시켜줄 환경을 만드는 것입니다. 즉 자신이 단련될 수 있는 환경을 스스로 찾아서 거기에 몸을 두고, 그 환경의 영향으로 자신을 형성해 나가는 것입니다.

시대를 막론하고 세상에 이름이 알려진 사람들은 비교적 부유한 경우가 많은 듯합니다. 스스로 부를 쌓은 경우도 있으며 재산을 상속받은 경우도 있는데 돈이 없었다면 그들의 위업은 달성되지 못했을 것입니다.

일반적으로 부는 목표 달성의 성과물입니다. 그렇다고 해서 근면함이 반드시 부라는 결과를 낳는 것은 아닙니다. 열심히 일하지만 조금도 유복해지지 않는 사람들은 하늘의 별만큼 많습니다. 반면 훨씬 더 적은 노동으로 부를 손에 넣는 사람들도 있습니다. 자신의 가능성을 믿는 것이 유복해지기 위한 다음 단계입니다. 전력을 다해서 근면하게 일한다 하더라도 자신의 정신력을 활용하지 않는다면 언제나 일개 노동자로 있을 수밖에 없습니다. 그리고 자신의 정신력을 유효하게 활용하는 사람의 관리 밑에서 일하게 됩니다.

수입 안에서만 저금을 해서는 누구도 부유해질 수 없습니다. 많은 사람들이 절약과 검약에 힘쓰며 살아가고 있지만 그것은 활력과 에너지를 낭비하는 것입니다. 제 지인 중에 걸어서 출퇴근하는 사람이 있습니다. 가는 데 1시간, 오는 데 1시간 걸리는 거리입니다. 자동차를 이용하면 왕복 20분 전후일 것입니다. 그는 하루에 10센트를 절약하기 위해서 약 1시간 30분을 허비하는 것입니다. 걷기 위해서 사용한 시간은, 건강에 커다란 도움이 된다는 점을 제외한다면 그다지 득이 되는 투자였다고는 말할 수 없습니다.

그 시간을 바람직하지 못한 작업환경을 개선하기 위한 노력에 집중했다면 부호로 가는 길에 힘차게 발을 내딛었을지도 모릅니다.

다른 사람의 실패에서는
배울 수 없습니다.

현대의 많은 사람들이 범하고 있는 커다란 과오는, 자신 속에 있는 최선의 것을 이끌어내 기르려는 노력을 게을리 하는 사람들과 사귄다는 것입니다. 사람들과의 교제에만 힘을 쏟거나(그런 사람들이 아주 많은데), 휴양이나 오락이 생활의 커다란 원동력이 되어서는 절약은커녕 낭비하는 습관만 몸에 배게 됩니다. 육체적인 면, 정신적인 면, 도덕적인 면 그리고 영적인 면에서 힘을 보존하지 못하고 낭비하는 습관입니다.

당연한 결과겠지만, 이러한 사람에게는 올바른 원동력이 결여되어 있기 때문에 신으로부터 부여받은 힘은 개발되지 못하고, 보다 의의 있는 인간관계를 알아볼 수 있을 만큼의 판단력도 사라지게 됩니다. 금전에 관해서는 언제나 타인에게 의존하는 기생충이라고 해도 좋을 것입니다. 그리고 벌어들이는 금액은 적으면서도 사정만 허락하면 늘 낭비를 합니다.

이와 같은 사람들이 괴로운 경험 끝에 거기서 배우지 않으면, 인생을 움직이는 힘이나 법칙을 끝내 이해하지 못한다는 것은 인생의 비극적인 측면입니다. 타인의 실패에서 배울 수 있는 사람은 많지 않습니다. 대부분의 사람들은 스스로 실패를 경험하고 인생을 고쳐나가면서 지식을 쌓고 그것을 활용해야만 합니다.

어떤 분야에서나 뛰어난 인물이라는 평을 받고 있는 사람은, 조그만 일에 연연하며 언제까지나 거기에 매달리지 않습니다. 반드시 숙고하는 시간을 갖습니다. 어제와 같은 방법으로 일을 하지 않으며, 신중하게 집중해서 노력을 거듭해 언제나 일하는 방법의 개선에 힘씁니다.

부를 생각하면
부가 다가옵니다.

얼마 전에 '성공'을 주제로 한 강연을 들은 적이 있었습니다. 강사를 맡은 사람이 10년 전부터 거의 무일푼이었다는 사실을 알고 있었기 때문에 어떤 이야기를 할지 흥미를 갖게 되었습니다. 아주 재미있는 이야기였습니다. 그의 이야기가 도움이 된 사람들도 틀림없이 있었을 것입니다. 하지만 그 자신은 배운 교훈을 활용하고 있지 못합니다.

저는 그에게 스스로를 소개한 뒤, 당신은 당신이 말한 것을 믿고 계십니까, 라고 물었습니다. 그는 믿는다고 대답했습니다. 그래서, 그 덕분에 유복해졌습니까, 라고 물었더니 그렇지만도 않습니다, 라고 대답했습니다. 왜 그러느냐고 물었더니 '저는 유복해질 운명이 아닌 것 같습니다.'라고 말하는 것이었습니다.

그로부터 30분 정도, 저는 그가 왜 가난에서 빠져나오지 못하는지를 설명했습니다. 그는 초라한 복장으로 초라한 회장에서 강연을 했습니다. 자신의 행동과 신조로 가난을 불러들이고 있었던 것입니다. 자신이 생각하고 있는 것과 자신을 둘러싼 것이 자신에게 불리한 영향을 미치고 있다는 사실을 그는 깨닫지 못하고 있었습니다. 나는 그에게 말했습니다.

'생각은 사물을 움직이는 위대한 힘입니다. 부를 생각하면 부가 다가옵니다. 따라서 부를 바란다면 부를 가져다줄 힘을 자신의 것으로 만들어야만 합니다. 당신의 생각은 같은 종류의 생각을 불러옵니다. 계속해서 가난을 생각하면 가난이 찾아옵니다. 유복해지겠다고 결심하면 당신의 마음의 힘에 그 생각이 전해져 동시에 당신은 외부의 모든 상황을 자신을 위해서 활용할 수 있게 됩니다.'

돈이 있으면 그것으로 돈을 늘리는 것은 간단한 일이라고 생각하는 사람들이 많습니다. 하지만 반드시 그런 것만은 아닙니다. 사업을 시작하는 사람 중 90%는 실패를 맛봅니다. 돈이 있어도 그것을 투자할 기회를 발견해서 활용하는 훈련을 쌓지 않는 한 돈을 늘릴 수는 없습니다.

재산 상속으로 손에 넣은 돈은 잃을 확률이 높습니다. 하지만 스스로 부를 쌓았다면 그 가치를 알고 있을 뿐만 아니라 그것을 사용하는 힘도, 비록 잃는다 해도 그것 이상의 돈을 만드는 힘도 축적해왔을 것입니다.

부를 손에 넣기 위한
단계란?

현대에서 비즈니스의 성공은, 앞날을 읽는 힘, 적절한 판단, 끈기, 굳은 결의와 흔들림 없는 목표에 달려 있습니다. 그리고 '생각'이 전기처럼 현실적인 힘이라는 사실을 잊지 마시기 바랍니다. 자신이 받아들이는 생각과 마찬가지로 선량한 생각을 내보냅시다. 그렇게 하지 않으면 사람을 풍요롭게 하고 있는 것이 아니기 때문에 당신 자신도 풍요로워질 자격이 없습니다. 무엇이든 무상으로 손에 넣으려 하다보면 이기적이고 비굴한 인간이 되어 손에 넣은 것을 기뻐하지조차 않게 됩니다. 이와 같은 경우는 거의 매일 볼 수 있습니다. 타인에게서 무엇인가를 취하면, 우리는 그 대신 무엇인가를 잃게 되는 법입니다. 모든 채무는 확실하게 정리를 해야 합니다. 인생의 부채를 남김없이 청산할 때까지 사람으로서 완성의 영역에 도달하는 일은 결코 없을 것입니다. 그것은 누구나 알고 있을 것입니다. 그렇다면 자신이 받을 모든 것에 대해서 공정한 대가를 스스로 치르는 것이 좋지 않겠습니까?

다시 한 번 말하겠습니다. 부를 손에 넣기 위한 처음이자 마지막 단계는 좋은 영향을 주는 것들로 자신을 감싸는 것입니다. 선량한 생각, 양호한 건강상태, 쾌적한 가정과 비즈니스 환경, 성공한 동료. 합법적인 수단을 전부 사용해서 유력자와의 인맥을 구축해두십시오. 그리고 비즈니스에 관한 당신 사고의 파장이 그들의 파장과 조화를 이루도록 합시다.

그렇게 하면 바람직한 교우관계를 구축할 수 있을 뿐만 아니라 당신과 사귀고 싶어 하는 사람들이 많이 나타나게 됩니다. 공정하고 신뢰할 수 있는, 유복한 인물과 친분을 쌓았다면 아주 적은 금액이어도 상관없으니 남은 돈을 그들에게 맡기십시오. 그리고 스스로도 투자를 잘 할 수 있을 만큼의 수완과 비즈니스를 익힐 때까지 그들에게 투자를 맡기는 것입니다.

만약 올바른 방법으로 기회에 집중해서 활용한다면, 그때쯤에는 우수한 교우관계를 통해서 인생에서 자신이 있어야 할 곳을 발견하게 될 것입니다. 그것은 재능이 부족한 사람들이 모이는 곳이 아닐 것입니다. 그리고 충분한 자산을 모은 뒤에는 그 중의 일부를 사용하여, 지금의 지위에 오르기까지 당신이 걸어온 길을 후배들을 위해서 걷기 편하도록 하는 즐거움을 맛볼 수 있을 것입니다.

누구의 뇌에나 어떤 에너지가 숨겨져 있기 때문에 그 에너지를 사용하기만 하면 따분한 생활에서 벗어나 성공의 산 까마득히 높은 곳에 있는 정상까지 오를 수 있습니다. 자동차의 휘발유는 불꽃이 휘발유를 폭발시켜야만 비로소 자동차를 움직일 수 있습니다. 사람의 마음에 대해서도 같은 말을 할 수 있습니다. 이 경우 '사람'이란 특별한 재능을 가진 사람이 아니라 평균적인 능력을 가진 일반인을 말하는 것입니다.

그들의 뇌 속 어딘가에는 '불가능'이라는 말을 극복, 저 너머에 펼쳐져 있는 성공의 나라에 발을 들여놓을 수 있는 능력이 있습니다. 그리고 희망과 자신감, 무엇인가를 해내겠다는 결의가 불꽃을 피워 올려 그들의 에너지를 움직이게 하는 것입니다.

LESSON

13

할 수 있느냐는
당신에게 달려 있다

집중하는 능력은
누구나 가지고 있습니다.

그렇다면 당신은 집중하고 있습니까? 당신도 집중할 수 있습니다. 하지만 실제로 집중하느냐 못하느냐는 당신에게 달려 있습니다. 무엇인가를 할 수 있는 능력을 가진 것과 그것을 하는 것은 다른 것입니다. 사용되고 있는 능력보다 사용되고 있지 않은 능력이 훨씬 더 많습니다. 세상에는 능력 있는 사람들이 많은데 그들은 왜 자신을 좀 더 살리려 하지 않는 것일까요?

성공한 사람들의 숫자에 비해서 성공을 목표로 하고 있는 사람들의 숫자가 훨씬 더 많습니다. 왜 좀 더 많은 사람들이 성공하지 못하는 걸까요? 여러 가지 경우가 있겠지만 대부분은 그들의 책임입니다. 기회는 있었을 것입니다. 성공한 사람들이 손에 넣은 기회보다도 훨씬 더 커다란 기회였을지도 모릅니다.

지금 당신이 하고 있지 않은 일 중에서 당신이 하고 싶은 일은 무엇입니까? 일에서 좀 더 성공을 거두고 싶다면 주저하지 말고 실행합시다.

자신을 충분히 관찰해주십시오. 당신에게 부족한 것은 무엇입니까? 때로는 아주 사소한 일이 원인이 되어 사업의 싹이 트지 못해 성공하지 못하는 경우도 있습니다. 자신이 성공하지 못하는 이유는 무엇인지, 실패의 원인은 어디에 있는지를 밝혀내시기 바랍니다. 누군가가 리드해주거나 길을 만들어주기를 기대하고 있었습니까? 만약 그랬다면 새로운 사고방식에 집중해주십시오.

성공을 위해
절대로 필요한 것은?

성공을 위해서 절대로 필요한 것이 두 가지 있습니다.

그것은 '에너지'와 '성공하겠다는 의지'입니다. 이 두 가지를 대신할 수 있는 것은 아무것도 없습니다. 대부분의 사람들에게 있어서 성공으로 가는 길은 평탄할 리 없으니 처음부터 편한 길을 찾으려 해서는 안 됩니다. 역경은 우리의 용기와 도덕심을 단련시켜줍니다. 게으르고 느슨한 생활을 보내는 사람에게는 용기도 도덕심도 없습니다. 자신이 처한 상황을 냉정하게 살펴본 적이 없기 때문에 하려고 해도 방법을 알지 못합니다. 그에게 있어서 세상은 살아가기 힘든 곳이 되어갈 뿐입니다.

상황이 호전되기를 그저 기다리고만 있지 말고 자신의 손으로 바람직한 상황을 만들어갑시다. 성공하는 사람은 '그건 도저히 안 된다.'고 말하는 사람이 아니라 반대 의견에도 신경 쓰지 않고 일을 진행시켜 '그것은 할 수 있다.'는 것을 보여주는 사람입니다. '하늘은 스스로 돕는 자를 돕는다.'는 속담은 진리와 통하는 말입니다. 우리는 장애를 극복함으로 해서 성공으로 가는 길에 오를 수 있습니다. '나는 할 수 있다. 내게는 하겠다는 의지가 있다.'고 말하는 사람에게 있어서 장애물은 성공으로 가는 디딤돌입니다.

끈기의 힘에 이길 수 있는 건 아무것도 없습니다. 잔잔한 바다만이 우리를 기다리고 있는 것은 아니지만 힘든 여정에 다리를 놓을 수는 있습니다. 당신이 '할 수 있다.'고 생각하고 어떻게 하면 가능한지에 집중하기만 하면 되는 것입니다. 하지만 '이 장애물은 넘을 수 없다.'고 생각하면 물론 넘으려는 노력도 하지 않을 것이며, 한다 하더라도 열의가 들어가지 않기 때문에 결과적으로는 아무것도 달성할 수 없을 것입니다.

하겠다고 마음먹었다면
끝까지 해냅시다.

많은 사람들이 성공을 확신할 수 없으면 실행에 옮기려 하지 않습니다. 이는 커다란 과오입니다. 자신이 할 수 있는 일, 할 수 없는 일을 확실하게 알고 있다면 그렇게 해도 상관없을 것입니다. 하지만 그것은 아무도 알 수 없는 일입니다. 지금 눈앞에 있는 장애물도 다음 주에는 사라지고 없을지도 모릅니다. 지금은 아무런 쟁애물도 없지만 다음 주에는 모습을 드러낼지도 모릅니다. 대부분의 사람들의 문제점은 길이 장애물로 막혀 있는 것을 보면 그 순간 용기를 잃는다는 것입니다. 어떤 해결 방법이 있을 것이라는 사실조차도 잊는다는 것입니다.

해결법을 발견하느냐 못하느냐는 당신에게 달려 있습니다. 커다란 노력이 필요한 상황에서 힘없이 일에 임한다면 승산이 있을 리 없습니다. 자신의 내부에 있는 모든 힘을 활용하여, 무슨 일이 있어도 성공하겠다는 열의를 가지고 모든 일에 임합시다. 그것이 성공으로 가는 집중력의 활용법입니다. 대부분의 사람들은 출발하기 전부터 좌절합니다. 틀림없이 장애물을 만나게 될 것이라고 생각하여 이리저리 장애물의 숫자만 헤아리고 있을 뿐 그것을 극복할 방법을 찾으려하지는 않습니다. 그렇기 때문에 장애물을 줄여가기는커녕 오히려 늘려버리고 마는 것입니다. 틀림없이 힘들 것이라고 생각하며 손을 댄 일이, 나중에 실제로 해보니 의외로 간단한 일이었다는 사실을 알게 된 경험을 해보신 적은 없습니까? 이것은 아주 흔히 볼 수 있는 일입니다.

시작하기 전에는 어렵게 보이는 일이라도 막상 부딪쳐보면 간단하게 달성할 수 있는 법입니다. 지금부터 나가려고 하는 길에는 아무런 장애물도 없다, 만약 있다 하더라도 내가 그것을 제거해서 길을 열겠다는 마음가짐으로 당신의 성공을 위한 여행을 시작하십시오. 지금까지 위업을 남긴 사람들은 모두 스스로 길을 개척했습니다. 지금 당신이 얻을 수 있는 도움 같은 것은 존재하지도 않았습니다.

성공의 커다란 비결은 무슨 일이든 결심했다면 실행해야 한다는 것입니다. 갔던 길을 중간에서 되돌아오지 말고 하겠다고 결심한 일을 끝까지 해냅시다. 몇 번 좌절을 겪은 정도 가지고 겁을 먹을 필요는 없습니다. 강한 의지를 가진 사람, 즉 굳건한 결의와 전심전력을 기울여 집중한 노력만이 성공을 가져다준다고 믿는 사람은 몇 번의 좌절로 포기하지 않습니다.

'결연한 의지를 가진 사람은 세계를 자신에게 맞춰서 모습을 만든다.'

(요한 볼프강 폰 괴테, 1749~1832, 독일의 시인 · 극작가 · 소설가)

'사람은 강인함이 부족한 것이 아니다. 의지가 부족한 것이다.'

(빅토르 위고, 1802~1885, 프랑스의 소설가 · 시인 · 극작가)

기회가 언제 찾아와도
잡을 수 있도록.

승리를 손에 넣기 위해서 필요한 것은 기술보다도 행동력과 강한 결의입니다. 전력을 다하는 사람에게 '실패'는 존재하지 않습니다. 지금 당신이 하고 있는 일이 무엇이든 용기를 버리지 마십시오. 세상의 흐름은 시시각각으로 변하고 있습니다. 당신이 강한 의지와 커다란 소망을 가지고 계속해서 일한다면 내일, 혹은 언젠가는 당신에게 유리한 흐름으로 바뀔 것입니다. 인간으로서 성장하게 하고, 용기를 길러주는 것은 일 외에 아무것도 없습니다. 일이 없다면 인생은 얼마나 단조롭고 무료한 것이 되겠습니까?

마지막으로 전진하고 싶어 하는 분들께 한 가지 충고를 하겠습니다.

'현재 당신이 차지하고 있는 위치를 영원한 것이라고 생각지 마십시오. 늘 깨어 있고, 기회가 찾아왔을 때는 도움이 되도록 할 수 있는 자질을 자신의 인간성에 더해 가시기 바랍니다. 기회가 언제 찾아와도 잡을 수 있도록 늘 촉수를 곤두세워둡시다. 사람은 자신이 마음속으로 그린 것을 끌어들인다는 사실을 잊지 마십시오. 우리가 먼저 기회를 찾아 나선다면 틀림없이 발견할 수 있습니다.'

당신이 원래 갖춰야 할 본연의 모습을 갖춘다면 책임 있는 일에 앉히려고 누군가가 당신을 찾을 것입니다. 그런 사람이 나타났다면 당신의 주의력을 분산시키지 말고 모든 것을 그 사람에게 향하도록 하십시오. 당신이 자신의 힘을 집중할 수 있는 사람이라는 사실, 참된 인간으로서의 자질을 갖추고 있다는 사실을 보여주는 것입니다. 불안, 어정쩡한 기분, 망설임을 보여서는 안 됩니다. 자신감과 확신을 가지고 행동하는 사람은 언젠가 일선에 나서게 되는 법입니다. 어떤 환경이나 조건도 그것을 막을 수는 없습니다.

14

훈련으로
익힐 수 있는 기술

집중하기를
습관화하시기 바랍니다.

어떤 한 가지 생각을 선택해서, 그것에 대해서 얼마나 계속해서 생각할 수 있는지 시험해보시기 바랍니다. 처음에는 시계를 옆에 두고 시간을 재는 것이 좋을 것입니다. 가령, 건강에 대해서 생각하기로 결정했다면 그것으로 집중력을 기를 수 있을 뿐만 아니라 생각한 내용에서부터 많은 것을 얻을 수 있습니다.

'건강은 이 세상에서 가장 소중한 보물'이라고 생각하십시오. 그 이외의 생각은 머릿속으로 들어오지 못하도록 떠오르려고 하면 바로 내쫓아 버리십시오.

이처럼 생각에 집중하는 일을 매일 10분이라도 좋으니 습관화하시기 바랍니다. 다른 생각을 머릿속에서 완전히 밀어낼 수 있을 때까지 훈련하십시오. 건강에 대한 생각에 집중하는 것에는 멋진 가치가 있다는 사실을 깨닫게 될 것입니다. 지금의 상황과는 관계없이 당신은 '내가 되고 싶다고 생각한 사람'이 되었다고 생각하고, 그 이외의 생각에는 눈을 주지 마십시오.

예를 들어서 지병이 있는 사람이라면, 처음에는 병에 대해서 잊으려 해도 쉽게 잊혀지지 않겠지만 곧 그런 부정적인 생각을 내몰아 되고 싶은 모습대로 된 자신을 그려볼 수 있을 것입니다. 이처럼 집중할 때마다 건강에 대한 완벽한 이미지가 자리를 잡아가기 때문에 곧 그것이 현실이 되어 당신은 튼튼하고 건강한 사람이 될 수 있습니다.

멘탈 이미지를 그려보는 습관은 매우 도움이 된다는 사실을 잘 기억해두기 바랍니다. 어느 시대에나 성공한 사람들은 멘탈 이미지를 활용해왔는데 그 중요성을 완전하게 이해하고 있는 사람들은 그다지 많지 않습니다.

사람은 언제나 자신이 그린 이미지에 따라서 행동한다는 사실을 알고 계십니까? 자기 자신을 부정적인 이미지로 그리면 당신은 무의식중에 부정적인 성질을 체득하게 됩니다. 빈곤, 나약함, 병, 공포 등에 대해서 생각하면 실제 인생에도 그와 같은 요소들이 나타납니다. 우리가 생각하는 것이 외부 세계로 모습을 드러내는 것입니다.

초월의식과의 접촉을
경험합시다.

　강하게 집중하면 당신은 우주의 위대한 창조력과 연결됩니다. 다음으로 창조적인 에너지가 당신에게로 흘러들어 당신이 마음속에서 창조한 것에 생명을 불어넣어 형태를 갖추게 해줍니다. 깊은 집중상태에서 당신의 마음은 무한한 공간과 호응하여 우주의 영지와 만나게 되고 그 메시지를 받아들이게 됩니다. 그리고 우주의 에너지로 충만해진 당신은 신성한 힘으로 넘쳐나게 됩니다. 이는 더할 나위 없이 바람직한 상태입니다.

　이때야말로 '초월의식' 과 연결되는 것의 이점을 우리가 깨닫게 되는 때입니다. 초월의식은 보다 높은 수준의 우주의 진동을 전달해주는, 우주의 절대적인 두뇌가 보내는 기록된 메시지로 '와이어리스 스테이션' 이라고도 불립니다.

　이 단계의 집중 상태에 달해 있는 사람은 매우 한정되어 있습니다. 그것이 가능하다는 사실을 알고 있는 사람조차 극히 드뭅니다. 일반적으로 집중이란 한 가지 일로 생각을 좁히는 것이라고 생각하고 있지만 신과의 융합을 가져다주는 이 깊은 집중 상태는 우리들을 건전하게 하고 그 상태를 유지하게 해줍니다.

초월의식과의 접촉을 경험하면 자신의 인간으로서의 사고를 컨트롤할 수 있게 됩니다. 초월의식이 인간의 사고보다도 더 차원이 높은 것을 가져다주기 때문입니다. 그것은 '우주의식' 이라 불리는 것인데, 한 번 이 의식을 경험하면 결코 잊을 수가 없습니다.

물론 이 단계에 도달하려면 상당한 훈련이 필요하지만 일단 성공하면 횟수를 거듭할 때마다 간단해져서 예전에는 미지의 세계였던 이 힘이 완전히 자신의 것이 됩니다. 깊이 집중한 상태에서 무한한 능력이라고도 할 수 있는 것을 자유롭게 움직일 수 있게 되는 것입니다.

집중력을 높이기 위한
훈련이란?

렌즈를 사용해서 태양광선을 한 점에 집중시키면 같은 광선을 분산시켰을 때보다 몇 배나 더 열이 발생합니다. 주의력도 마찬가지입니다. 주의력을 분산시키면 평범한 성과밖에 얻을 수 없습니다. 하지만 한 가지 일에 모든 주의력을 집중하면 성과는 훨씬 더 커다란 것이 됩니다. 한 가지 일에 주의를 집중하면 의식적인 행위와 무의식적인 행위 모두가 그것을 달성시키기 위한 방향으로 움직이기 시작합니다. 다른 것을 배제하고 오직 한 가지 것에 에너지를 집중하면 원하는 것을 가져다주는 힘이 생겨 나는 법입니다.

생각을 한 점에 집중하면 그 생각에 '힘'이 생겨납니다. 지금부터 소개 할 훈련은 단조롭고 따분할지도 모르겠지만 효과가 있는 것들입니다. 집 중력의 힘을 강화시켜주기 때문에 끈기 있게 계속하면 그 가치를 알 수 있을 것입니다.

훈련에 들어가기에 앞서서 어떤 사람이 보내온 의문에 대해서 답하도 록 하겠습니다. 그 사람은, 하루 종일 일을 해서 피곤하기 때문에 훈련을 할 입장이 아니라는 것이었습니다. 이것은 잘못 된 생각입니다. 그는 매 일 밤, 피곤에 절어서 집으로 돌아와 저녁을 먹고 편안히 앉아서 휴식을 취하려 할 것입니다. 머리를 써서 일을 했다면 그때 생각했던 것이 머릿 속에 떠올라 필요한 휴식을 취할 수 없게 됩니다.

생각의 종류에 따라서 사용되는 뇌세포가 결정되어 있다는 것은 잘 알 려진 사실입니다. 특정 세포가 일을 할 때 그 외의 세포는 당연히 편하게 휴식을 취하게 됩니다. 오늘 하루 했던 것과는 전혀 다른 일을 하기 시작 하면 그때까지 휴식을 취하고 있던 세포를 사용하고, 일하던 세포를 쉬게 할 수 있습니다.

따라서 밤에는 그 날의 일로 피곤해진 세포를 사용하지 않도록 전혀 다 른 일을 생각하는 습관을 들입시다. 새로운 생각에 주의를 집중함으로 해서 오래 된 세포는 흥분상태에서 해방되며 필요한 휴식을 취할 수 있게 됩니다. 한편 그날 하루 종일을 따분하게 지내던 세포는 일을 하고 싶어 하기 때문에 당신은 확실하게 휴식을 취하면서 밤의 한 때를 즐길 수 있습니다.

자신의 생각을 지배하면 옷을 갈아입듯 간단하게 생각을 바꿀 수 있습니다.

생각을 집중하기 위한 필수조건은 쓸데없는 생각— 즉 자신이 선택한 것과 관계없는 모든 생각을 차단하는 것입니다. 그리고 자신의 생각을 컨트롤하기 위해서는 먼저 자신의 몸을 컨트롤할 수 있어야만 합니다.

몸의 컨트롤은 두뇌의 직접적인 지배하에, 두뇌의 컨트롤은 의지의 직접적인 지배하에 두어야만 합니다. 당신의 의지는 당신이 바라는 것을 전부 실행할 수 있는 강인함을 지니고 있지만 당신이 그 사실을 깨닫지 못한다면 아무런 의미도 없습니다.

의지의 영향을 직접 받음으로 해서 당신의 두뇌는 비약적으로 강화될 수 있습니다. 의지의 자극을 받아 강화된 두뇌는 힘을 더해 사고의 발신기로써의 기능이 더욱 향상됩니다.

집중하기에
가장 좋을 때는?

그것은 마음을 자극하는 무엇인가를 읽고 난 뒤입니다.

당신의 마음과 영혼 모두가 바람직한 상태로 고양되어 깊은 집중이 가능한 상태가 될 것입니다. 자신의 방에 있다면 창문을 열어 공기를 맑게 합시다. 침대 위에 베개 없이 눕습니다. 모든 근육을 편안한 상태에 놓습니다. 그리고 천천히 숨을 들이쉬어 폐를 신선한 공기로 가득 채우십시오. 숨이 차지 않을 정도로 가능한 한 길게 숨을 들이마신 다음 천천히 숨을 내뱉습니다. 힘을 빼고 규칙적으로 숨을 내쉽니다. 이 호흡법을 5분간 계속해서 '신의 호흡'이 당신의 몸 속을 돌아다니는 것을, 그리고 당신의 뇌와 몸의 모든 세포가 정화되고 되살아나는 것을 느껴보시기 바랍니다.

여기서부터 다음 단계로 들어갑니다. '나는 더할 나위 없는 마음의 평정과 편안한 상태에 있다.'고 생각하십시오. 그러면 자신의 상태가 아주 편안하게 느껴집니다. 현재 나는, 지금까지 경험해본 적이 없는 멋진 경험을 받아들일 태세를 갖추고 있다고 생각하십시오. 다음으로 편안하게 그 미지의 힘이 몸 속을 돌아다니는 것을 느끼며 당신이 바라고 있는 것의 달성을 돕도록 합시다.

망설임이나 두려움은 결코 마음속으로 들어오지 못하도록 해야 합니다. 내가 바라고 있는 일은 반드시 실현된다고 생각하시기 바랍니다. 이미 실현됐다고 생각합시다. 실제로 그것은 이미 실현된 것입니다. 왜냐하면 무엇인가를 달성하고 싶다고 바라는 순간 생각의 세계에서 그것은 이미 실현되었기 때문입니다.

무엇인가에 집중할 때 그것은 반드시 성공한다고 믿으십시오. 그 무엇의 방해도 받지 않고 그 마음을 계속해서 유지하면 곧 자신이 집중력의 주인이 되었다는 사실을 알게 될 것입니다. 이 훈련이 매우 도움이 되며, 시작한 일 전부를 달성할 수 있는 요령을 빠르게 터득하게 된다는 사실을 실감할 수 있을 것입니다.

우선 필요한 것은 두뇌가 내리는 지시에 따를 수 있도록 몸을 훈련하는 것입니다. 그것을 위해서 우선은 근육의 움직임을 컨트롤하는 연습부터 시작합시다. 지금부터 소개하는 것은 근육을 완벽하게 컨트롤하는 데 특히 효과적인 훈련법입니다.

이제부터
훈련입니다!

□ 훈련1: 앉는 것에 집중하자

커다란 의자에 앉아 가능한 한 몸을 움직이지 않도록 합니다. 간단한 것처럼 보이지만 의외로 어렵습니다. 가만히 앉아 있기에 주의를 집중시키지 않으면 안 됩니다. 무의식적으로 근육을 움직이고 있지는 않은지 주의를 기울이기 바랍니다. 조금 훈련을 쌓으면 근육을 조금도 움직이지 않고 15분 동안 앉아 있을 수 있게 될 것입니다.

처음에는 편안한 자세로 5분 동안 앉아 있기를 권합니다. 완벽하게 가만히 앉아 있을 수 있게 되면 시간을 10분으로 늘리고 다음에는 15분으로 늘립니다. 그 이상 더 길게 할 필요는 없습니다. 하지만 괴로움 속에서 앉아 있어서는 안 되며 완전히 편안한 상태로 앉아 있어야만 합니다. 이런 식으로 편안하게 하는 습관은 아주 기분 좋은 것이라는 사실을 알게 될 것입니다.

□ 훈련2: 자신의 팔에 집중하자

의자에 앉아서 머리를 들어 올려 턱을 내밀고 어깨를 뒤로 당깁니다. 오른쪽 팔을 어깨 높이만큼 옆으로 들어 올립니다. 얼굴을 오른쪽으로 돌려 올린 손의 손가락에 시선을 고정시킨 채 그대로 오른쪽 팔을 1분간 완전히 정지시킵니다. 같은 동작을 왼쪽 팔로도 반복하십시오.

팔을 완전히 정지시킬 수 있게 되었다면 좌우 각각 5분씩 행할 수 있을 때까지 점점 시간을 늘려갑시다. 팔을 완전히 뻗었을 때 손바닥이 밑을 향하게 합시다. 이것이 가장 편안한 자세입니다. 손가락 끝을 바라보면 팔이 정지해 있는지 쉽게 알 수 있을 것입니다.

□ 훈련3: 팔이 정지해 있는가?

물을 가득 담은 조그만 컵을 손가락 끝으로 집어 들고 팔을 앞으로 똑바로 뻗습니다. 그런 다음 시선을 컵으로 돌려 팔이 정지해 있는지 체크하시기 바랍니다. 처음에는 아주 짧은 시간, 그런 다음 점점 시간을 늘려서 5분 동안의 정지 상태를 목표로 하시기 바랍니다. 좌우 팔을 교대로 행하십시오.

□ 훈련 4: 평온한 정신상태인가?

일하고 있을 때의 자신을 관찰해보십시오. 근육이 수축되어 있거나 긴장 상태에 있지는 않습니까? 편안하고 평온한 상태를 유지할 수 있는지, 언제나 평정한 상태를 유지할 수 있는지를 확인해보십시오. 팽팽하게 긴장한 모습을 보이지 않고 평정한 상태를 취하도록 늘 노력하십시오. 이와 같은 평온한 정신 상태는 언행이나 표정에도 나타납니다. 의미 없는 몸짓이나 동작은 전부 하지 않도록 합시다. 당신이 자신의 몸을 완전하게 컨트롤하지 못한다는 증거입니다.

자신을 컨트롤할 수 있게 되었다면 컨트롤하지 못하는 '차분하지 못한 사람들'을 관찰해보십시오. 조금 전에 한 세일즈맨이 저를 찾아왔었는데 그는 몸의 어딘가를 끊임없이 움직이고 있었습니다. 나는 하마터면 이렇게 말할 뻔했습니다.

'그렇게 온 몸을 사용해서 표현하지 말고, 하고 싶은 말은 말로 전달하는 편이 훨씬 더 보기 좋아요.'

당신도 이야기하고 있는 상대방의 안절부절 차분하지 못한 모습을 관찰해보시기 바랍니다.

몸의 어딘가를 잡아당기거나 꼬는 등의 버릇은 전부 버리도록 합시다. 사람은 무의식적인 행동을 놀랄 만큼 많이 하고 있습니다. 그와 같은 버릇은 '나는 그런 동작을 하지 않겠다.'는 생각에 주의를 집중하는 것만으로도 쉽게 고칠 수 있습니다.

어떤 소리에 쉽게 마음이 흐트러지는 사람은 컨트롤하는 훈련을 하십시오. 문이 꽝 하고 닫혔을 때나 무엇인가가 떨어졌을 때, 이것은 셀프컨트롤을 위한 훈련이라고 생각하도록 하십시오. 일상생활 속에서 이런 훈련은 얼마든지 찾아낼 수 있습니다.

지금까지의 훈련의 목적은 무의식적인 근육의 움직임을 컨트롤하여 몸의 움직임을 완전히 의식적인 것으로 만들기 위한 것이었습니다. 다음부터의 훈련은 수의근隨意筋을 의지의 컨트롤 밑에 두어 정신력이 근육의 움직임을 컨트롤할 수 있도록 하는 것입니다.

□ 훈련5: 주의력을 단련하자

의자를 책상 앞으로 이동시켜 앉습니다. 두 손 모두 주먹을 쥐고 손등을 밑으로 해서 책상 위에 올려놓습니다. 엄지손가락은 주먹 바깥쪽으로 나오도록 하십시오. 우선 한동안 주먹을 바라보다 천천히 엄지손가락을 폅니다. 이때, 자신이 하고 있는 일에 중요한 의미가 있는 것처럼 모든 주의력을 집중하시기 바랍니다.

그런 다음 집게손가락을 천천히 펴고, 다음에는 가운데손가락, 이런 식으로 새끼손가락까지 펴나갑니다. 이번에서는 순서를 바꿔서 새끼손가락부터 차례대로 접어갑니다. 마지막에는 다시 엄지손가락이 주먹의 바깥쪽에 오는 상태로 되돌아갑니다. 왼쪽 주먹부터 시작해서 좌우 각각 5번씩 행합니다. 며칠이 지나면 10회로 늘릴 수 있을 것입니다.

처음에는 '따분하다.'고 생각되겠지만, 이와 같은 단조로운 훈련으로 주의력을 단련하는 것은 매우 중요한 일입니다. 그리고 근육의 움직임도 컨트롤할 수 있게 됩니다. 말할 것도 없이 주의력은 손의 움직임에 완전히 고정시켜야만 합니다. 그렇게 하지 않으면 훈련의 가치가 사라져버립니다.

□ 훈련6: 몸과 마음의 컨트롤

오른손으로 주먹을 쥔 다음 집게손가락을 앞으로 내밀어서 무릎 위에 올려놓습니다. 다음으로 손가락 끝에 주의를 집중시킨 채 집게손가락을 천천히 좌우로 움직입니다. 비슷한 훈련을 스스로도 생각해보시기 바랍니다. 여러 가지 훈련을 생각해내는 것도 좋은 훈련법입니다.

이때 잊어서 안 되는 것은 단순한 훈련이라는 것과 움직이는 부분에 주의를 집중해야 한다는 것입니다. 주의력은 금방 컨트롤에서 벗어나 좀 더 재미있는 것을 찾으려 할 것입니다. 거기서 이 훈련의 진가가 발휘되는 것입니다. 있어야 할 곳에 있으면서 다른 곳으로 가지 않도록 철저하게 주의력을 컨트롤해주시기 바랍니다.

이러한 훈련은 너무 단순해서 도움이 되지 않는다고 생각하기 쉽지만 그 효과는 제가 보장할 수 있습니다. 시작한 지 얼마 지나지 않아서 근육의 움직임이나 몸짓을 마음대로 컨트롤할 수 있게 되고 주의력도 크게 증가해서 자신이 하고 있는 일에 생각을 집중할 수 있게 되었다는 사실을 실감할 수 있을 것입니다. 이것이 당신에게 크게 도움이 된다는 사실은 말할 필요도 없을 것입니다.

무엇을 할 때나, 이것은 내 인생에 있어서 가장 커다란 목적이라고 생각하도록 하십시오. 당신이 흥미를 갖고 있는 것은 지금하고 있는 일뿐, 그 외의 일에는 흥미가 없다고 생각하도록 하십시오. 하고 있는 일에서 주의를 돌려서는 안 됩니다. 주의력은 당신에게 반항하려 하지만, 주의력이 당신을 컨트롤하게 하지 말고 당신이 주의력을 컨트롤하도록 하십시오. 반항적인 주의력을 정복했다면 당신은 자신이 생각하고 있는 것보다 더욱 커다란 승리를 손에 넣은 것입니다. 그렇게 되면 눈앞의 일에 주의를 집중하는 방법을 익히기를 잘했다고 감사하는 순간이 수없이 찾아올 것입니다.

별로 흥미를 느끼지 못하는 신변의 어떤 일에 의식을 집중하는 훈련도 중요합니다. 하루도 빠짐없이 실행하도록 합시다. 흥미를 갖고 있는 일에는 노력해서 주의를 집중할 필요가 없기 때문에 그런 것은 선택하지 마십시오. 당신이 흥미를 느끼지 못하는 것일수록 더욱 좋은 훈련이 됩니다. 조금만 훈련을 하면 재미없는 일에도 마음먹은 대로 주의를 집중할 수 있게 됩니다.

집중할 줄 아는 사람은 자신의 몸과 마음을 완벽하게 컨트롤하여 자기 버릇의 노예가 아닌 주인이 될 수 있습니다. 자신을 컨트롤하게 되면 타인도 컨트롤할 수 있게 됩니다. 의지의 힘을 가지고 있지 못한 사람과 비교하면 '거인'이라고 말할 수 있을 정도로 강한 의지를 가진 사람이 될 수 있습니다. 어떤 일을 해야겠다고 결심했다면 바로 첫발을 내딛어 실행에 옮길 수 있게 되기까지 당신의 의지의 힘을 여러 가지 방법으로 시험해보시기 바랍니다. '꽤 열심히 했다.'는 정도의 수준에 만족하지 말고 전력을 기울이시기 바랍니다. 그렇게 했을 때 이외에는 결코 만족해서는 안 됩니다. 그렇게 할 수 있어야만 당신은 비로소 참된 자신이 될 수 있습니다.

□ 훈련7: 집중력으로 후각을 발달시키자

산책을 하거나, 시골에서 드라이브를 할 때나, 꽃밭을 지날 때는 꽃이나 풀의 향기에 집중합시다. 식물을 몇 종류나 구분해낼 수 있는지 시험해보도록 합시다. 그런 다음 그 중에서 하나를 골라 그 냄새에만 집중하십시오. 이것은 후각을 예민하게 하는 데 커다란 효과가 있습니다. 단, 이 작업에는 특별히 집중력이 필요합니다. 후각을 단련할 때는, 냄새 이외의 모든 생각은 물론 자신이 집중하고 있는 대상 이외의 냄새에 대한 지각까지도 전부 머릿속에서 내몰아야만 합니다.

후각 단련을 위한 훈련을 행할 기회는 얼마든지 있습니다. 실외에 나갔을 때는 여러 가지 냄새에 주의를 기울입시다. 온갖 냄새가 공기 속에 포함되어 있다는 사실을 알 수 있는데, 몇 년 뒤에 이 훈련을 행한 상황을 선명하게 떠올릴 수 있게 해주는 냄새를 선택해서 그것에 집중하시기 바랍니다.

여기서 소개한 훈련의 목적은 주의력을 집중하는 데 있습니다. 이 훈련을 거듭하면 팔의 움직임과 마찬가지로 자신의 마음을 컨트롤하여 생각을 자유자재로 조정할 수 있게 될 것입니다.

□ 훈련8: 자신의 내면에 집중하자

전신의 근육을 편안하게 해서 눕습니다. 심장의 고동에 집중하시기 바랍니다. 다른 것에는 조금도 주의를 기울이지 마십시오. 심장이라는 멋진 장기가 온 몸으로 혈액을 보내고 있는 모습을 생각해봅시다. 혈액이 거대한 저장고에서부터 하나의 흐름이 되어 솟아올라 발 끝을 향해서 달려가는 모습을 실제로 그려보시기 바랍니다. 또 다른 혈류가 이번에는 팔을 따라 손가락 끝으로 흘러가는 모습을 상상해보시기 바랍니다. 조금만 연습을 하면 혈액이 체내의 기관을 따라서 흘러가는 것을 느낄 수 있게 됩니다.

만약 몸 어딘가에 약해진 부분이 있는 것 같다면 그 부분으로 혈액이 충분히 보내질 수 있도록 의지의 힘으로 염원하십시오. 예를 들어서 눈이 피곤하다면 심장에서 나온 혈액이 머리를 지나서 눈으로 흘러 들어가는 모습을 그려보십시오. 이 훈련을 쌓으면 경이적으로 체력이 증가됩니다.

잠들기 전 그리고 아침에 일어났을 때 하기 좋은 훈련을 소개하겠습니다. 자신을 향해서 이렇게 말하십시오.

'내 몸의 모든 세포들은 삶의 기쁨으로 떨고 있다. 내 몸의 모든 부분이 튼튼하고 건강하다.'

이 방법으로 놀랄 만큼 건강해진 사람들을 수없이 알고 있습니다. 당신은 스스로 이렇게 되고 싶다고 그리고 있는 모습대로 되는 법입니다. 마음속에서 자신과 병을 연관 지어 생각하면 실제로 병에 걸리게 됩니다. 씩씩하고 활력에 넘치는, 건강한 자신을 그려보면 그 그림이 현실이 되어 당신은 건강해집니다.

□ 훈련9: 잠에 집중하자

이 훈련은 '워터 메소드'라 불리는 아주 단순하지만 졸음을 부르는 데 매우 효과적인 방법입니다.

맑은 물을 가득 담은 컵을 침실 테이블에 놓습니다. 테이블 옆의 의자에 앉아 컵 안의 물을 바라보면서 그 고요함에 대해서 생각하십시오. 다음으로 그 물처럼 고요한 상태가 되어가는 자신을 상상하도록 하십시오. 곧 신경이 평안해져서 잠에 빠지게 될 것입니다. 잠에 빠져 들어가는 자신을 상상해보는 것도 좋을 것입니다. 많은 사람들이 자신은 생물 이외의 것, 예를 들자면 싸늘하고 고요한 깊은 숲 속에서 썩어가고 있는 거목이라고 상상함으로 해서 무거운 불면증을 극복했습니다.

불면증에 시달리는 사람들에게 이처럼 신경을 풀어주는 수면 훈련법은 매우 효과적인 것입니다. 불면에 대한 공포를 마음속에서 내쫓고 잠드는 것은 아주 간단한 일이라는 마음을 잃지 않도록 하십시오.

이제 당신도 집중력의 가능성을 깨닫고 인생에서 집중력이 얼마나 중요한 역할을 수행하고 있는지를 알게 되셨을 겁니다.

□ 훈련 10 당신의 인상을 좋게 만드는 훈련

자신을 관찰해보시기 바랍니다. 두 손을 움직이거나, 손가락으로 무엇인가를 두드리거나, 수염을 손가락에 마는 버릇을 갖고 있지는 않습니까? 한시도 쉬지 않고 다리를 흔들어대는 버릇을 가지고 있는 사람도 있습니다. 거울 앞에 서서 얼굴을 찡그리거나 이마에 주름이 잡히도록 하는 버릇을 가지고 있지 않은지 확인해보십시오. 다른 사람도 관찰해서 이야기를 하면서 의미 없이 얼굴을 일그러트리는 등의 행동을 하지 않는지 확인해보십시오.

얼굴에 주름이 지는 움직임을 하면 곧 그 주름이 사라지지 않게 됩니다. 얼굴은 비단을 한 장 씌워놓은 것과 같은 것이기 때문에 몇 번이고 접었다 펼 수 있지만 계속해서 접어두면 언젠가는 자국이 사라지지 않게 되어버립니다.

집중력으로 쓸데없이 걱정하는 버릇을 고칩시다. 아무것도 아닌 일을 가지고 끙끙 앓는 버릇이 있는 사람은 몇 분 동안 걱정의 씨앗에 생각을 집중하여 그것이 얼마나 쓸데없는 걱정인지를 이해하도록 합시다. 아주 사소한 일에 과민하게 반응하거나 날카로워지는 습관이 있는 경우에는 그런 상태가 되기 시작하자마자 자신을 체크하시기 바랍니다. 그리고 심호흡하면서 '나는 그렇게 약한 사람이 아니다. 나는 나 자신의 주인이다.' 라고 말하도록 하십시오. 바로 차분한 정신 상태로 돌아갈 수 있을 것입니다.

□ 훈련11: 집중력으로 성급함을 컨트롤하자

만약 당신이 사소한 '도발'에도 벌컥 화를 내며 자신을 컨트롤하려 들지 않는 사람이라면 1분 동안 이렇게 생각하시기 바랍니다.

'그렇게 하는 게 네게 무슨 도움이 된단 말인가? 뭔가 얻는 것이라도 있단 말인가? 한동안 마음의 평정을 잃게 되지 않는가? 그런 습성은 점점 더 강해져서 결국에는 당신이 접하는 모든 사람들로부터 미움을 받게 된다는 사실을 모른단 말인가?

누구나 실수는 하기 마련입니다. 다른 사람의 실수에 화를 내기보다는 '다음부터는 조심해.'라고 한마디 합시다. 그러면 '다음부터는 주의하겠다.'는 생각이 상대방의 마음에 남아 다음부터는 조심을 하게 됩니다. 반대로 타인의 실수를 탓하기만 하면 상대방의 마음에는 '실수'라는 생각이 각인되어 더욱 커다란 실수를 범하게 될 것입니다. 셀프컨트롤 능력의 결여는 집중하겠다는 노력만 하면 전부 해결할 수 있습니다.

이 책을 읽으면서 나는 그렇지 않다고 생각하는 분들이 많을지도 모르겠습니다. 하지만 자신을 신중하게 관찰해보면 그렇다는 사실을 알 수 있습니다. 만약 그렇다면 매일 아침 자신에게 다음과 같은 말을 들려주십시오.

'나는 오늘 하루 쓸데없는 동작을 하거나, 사소한 일로 고민하거나, 초조함을 느끼거나, 성급한 생각이 들지 않도록 노력하겠다. 평정한 상태를 염두에 두고 주위 상황에 상관없이 자신을 컨트롤하겠다. 지금부터는 셀

프컨트롤의 힘이 없음을 나타내는 그 어떤 행동도 하지 않겠다고 결의하겠다.'

밤에는 하루의 행동을 돌아보며 이 결의를 얼마나 잘 수행했는지 확인하도록 합시다. 물론 처음에는 위반행위를 인정하지 않을 수 없는 적도 여러 번 있을 것이지만, 계속해나가면 곧 결의를 지킬 수 있게 됩니다. 단, 일단 셀프컨트롤을 익혔다면 그것을 놓치지 않도록 해야 합니다. 한동안은 아침에 자기 암시를 되풀이하고 그것을 지켰는지 밤에 확인하는 작업을 계속할 필요가 있습니다. 셀프컨트롤 습관이 확실하게 뿌리내려 결의를 깨려 해도 깰 수 없게 될 때까지 계속해서 노력하십시오.

이와 같은 자기암시와 매일 밤의 반성이 인생을 아주 훌륭한 것으로 만들어주었다는 얘기를 많은 분들로부터 들었습니다. 제 충고에 따르시면 당신의 인생은 틀림없이 변화할 것입니다.

□ 훈련12: 거울 앞에서 자신을 단련하자

거울 앞에 서서 자신의 눈 높이에 점을 찍어놓은 뒤, 그것을 당신의 눈을 들여다보고 있는 다른 사람의 눈이라고 생각하십시오. 처음에는 조금 눈을 깜빡거릴 것입니다. 머리를 움직이지 말고 똑바로 서십시오. 머리를 완전히 정지시키는 것에 모든 생각을 집중하십시오.

그런 다음 머리와 눈과 몸을 고정시킨 채 '나는 신뢰할 수 있는 인간의

외견을 갖추고 있다. 누구나 신뢰할 수 있을 만한 인물로 보인다.' 라고 생각하십시오. '아무래도 이 사람은 생긴 게 마음에 들지 않는다. 믿을 만한 사람이 아닌 것 같다.' 는 인상을 주지 않도록 노력합시다.

거울 앞에 서 있는 동안 심호흡을 연습합시다. 신선한 공기라는 진미가 방 안에 가득하며 그것을 먹는 것이라고 생각하십시오. 공기가 세포 하나 하나에 침투하여 당신의 두려움이 사라지게 됩니다. 그 대신 평온함과 힘이 넘쳐나는 느낌을 받게 됩니다.

당당하게 일어서며, 얼굴의 근육은 컨트롤되어 있고, 눈에서는 언제나 주의력이 넘쳐납니다. 그런 사람이라면 이야기를 하면서 상대방에게 좋은 인상을 심어줄 수 있습니다. 몸을 감싸고 있는 냉정함과 강한 정신력 앞에서는 방해물도 사라지게 됩니다.

이 훈련에 할애하는 시간은 하루 3분이면 충분합니다.

□ 훈련13: 지각의 컨트롤

만약 지금 싸늘한 곳에 있다면 어떤 느낌일지를 생각해보시기 바랍니다. 좀 더 추운 곳이라면 어떨까요? 이번에는 꽁꽁 얼어붙을 것 같다면? 그렇게 생각하면 온몸이 떨려올 것입니다. 이번에는 정반대 상황을 떠올려보시기 바랍니다. 설령 싸늘한 곳에 있다 할지라도, 몸을 익혀버릴 것 같은 뜨거움이 느껴질 정도로 작렬하는 태양을 떠올려보시기 바랍니다.

훈련하면 상상력을 이런 수준으로까지 끌어올릴 수 있습니다. 이 방법으로, 괴로운 상황에 놓인다 할지라도 그것을 견뎌낼 수 있을 만큼의 강인함을 지닐 수 있게 됩니다.

이와 같은 훈련법은 여러 가지로 생각해볼 수 있습니다. 예를 들어서 공복감이나 갈증을 느끼기 시작했지만 어떤 이유로 아무것도 먹고 싶지 않은 상황이라고 합시다. 그럴 때는 얼마나 배가 고프며 얼마나 목이 마른지에 대해서는 생각하지 말고, 식사를 마음껏 한 뒤의 자신의 모습을 머릿속에 그려보도록 하십시오. 이 방법은 아픔이 느껴질 때도 사용할 수 있습니다. 아픔에 대해서 생각해서 더욱 커다란 아픔을 느끼게 하지 말고, 자신의 주의를 돌릴 수 있을 만한 일을 하면 아픔이 약해지는 것처럼 느껴지게 됩니다. 이런 종류의 훈련을 체계적으로 해나가면 몸에 불쾌한 영향을 주는 것을 컨트롤하는 힘을 바로 익힐 수 있게 될 것입니다.

□ 훈련14: 동양식 집중법

높은 등받이가 있는 의자에 허리를 펴고 앉습니다. 오른쪽 콧구멍에 손가락을 하나 가져다댑니다. 열까지 세면서 조용하게 천천히 왼쪽 콧구멍으로 깊게 숨을 들이쉽니다. 다음에는 왼쪽 콧구멍을 막고 열을 세면서 오른쪽 콧구멍으로 숨을 내뱉습니다. 좌우를 바꿔서 반복하시기 바랍니다. 이 훈련은 한 번에 적어도 스무 번 이상 할 필요가 있습니다.

□ 훈련15: 욕망의 컨트롤

욕망은 컨트롤하기 가장 어려운 힘인데, 그런 만큼 집중력 훈련에는 더할 나위 없이 좋은 재료입니다. 예를 들어서 자신이 알고 있는 것을 다른 사람에게 알리고 싶다는 욕망은 자연스러운 것처럼 생각됩니다. 그러나 이와 같은 욕망의 컨트롤법을 익히게 되면 집중력을 단번에 향상시킬 수 있습니다. 자신의 비즈니스를 위해서 정력을 쏟아 부어야만 할 일은 얼마든지 있습니다. 다른 사람에 대해서 생각하거나 남 얘기로 시간을 허비해서는 안 됩니다.

누군가에 대해서 불리한 것을, 남들에게서 들은 것이 아니라 당신 자신이 발견했을 때는 당신의 가슴 속에 묻어두도록 합시다. 후에 당신의 착각이었다는 사실을 알게 될지도 모르며, 진위야 어떻게 됐든 자신의 생각을 남들에게 알리고 싶다는 욕망을 컨트롤함으로 해서 당신의 의지를 강화할 수 있습니다.

어떤 좋은 소식을 들은 뒤 처음 만난 사람에게 그것을 전달하고 싶다는 욕망을 참는 것도 효과적입니다. 이야기하고 싶다는 욕망을 억누르기 위한 힘을 남김없이 집중시켜야 하기 때문입니다. 자신의 욕망을 완전히 컨트롤할 수 있게 되었다고 느껴진다면 사람들에게 알려도 상관없습니다. 하지만 부디, 자신이 이야기해도 좋은 상태가 되기까지는 사람들에게 알리고 싶다는 욕망을 억제하시기 바랍니다. 욕망에 대한 이러한 집중력을 가지고 있지 못한 사람은 사람들에게 해서는 안 될 이야기를 해서 자기 자신과 타인을 쓸데없는 문제에 휩싸이게 만드는 경향이 있습니다.

불쾌한 소식을 들으면 감정이 격해지는 습성을 가진 사람은 자신을 컨트롤해서 놀랐다는 듯한 소리 등을 내지 않고 소식을 받아들이도록 하십시오. 자신에게 이렇게 말합시다.

'나의 셀프컨트롤을 앗아갈 수 있는 것은 아무것도 없다.' 경험을 쌓으면 이 셀프컨트롤이 비즈니스에 있어서 커다란 가치를 갖고 있다는 사실을 알 수 있습니다. 당신은 냉정하고 침착한 비즈니스맨이라는 평가를 얻게 될 것이며 곧 그것이 귀중한 사업자산이 될 것입니다. 물론 때로는 열중하거나 감격할 필요도 있습니다. 하지만 셀프컨트롤을 연습할 기회는 늘 찾아보시기 바랍니다.

□ 훈련16: 무엇인가를 읽는 것으로 단련하자

'생각'이라는 행위는 우선 대상물에 사고력을 집중하지 않으면 할 수 없는 일입니다. 누구에게나 명료한 사고를 할 수 있도록 하는 훈련이 필요합니다. 어떤 짧은 이야기를 읽고 내용을 간단하게 정리해서 적어보는 것은 매우 효과적인 훈련입니다.

신문 기사를 읽고 그 내용을 얼마나 적은 말로 표현할 수 있는지 시험해 보시기 바랍니다. 본질적인 내용만을 뽑아내기 위해서 기사를 읽는 데는 상당한 집중력이 필요합니다. 만약 읽은 내용을 정리해서 적지 못한다면 당신은 집중력이 떨어진다는 얘기입니다. 적어보는 것보다는 말로 표현하는 편이 더 쉽다면 그렇게 하시기 바랍니다. 자신의 방에서 누군가에게 이야기하듯 해봅시다. 집중력을 높이고, 생각하는 방법을 배우기에 좋은 훈련은 그 외에도 얼마든지 찾아볼 수 있습니다.

이처럼 간단한 훈련을 행한 뒤, 20분간 책을 읽고 그 내용을 종이에 적어보시기 바랍니다. 처음에는 세세한 부분을 그다지 기억할 수 없지만 조금만 연습하면 꽤 세세한 부분까지 적을 수 있게 됩니다. 강하게 집중할수록 내용을 정확하게 재현할 수 있습니다.

시간적인 여유가 없다면 짧은 글을 읽고 한 글자 한 글자 그대로 적어봅시다. 이것이 가능해졌다면 다음에는 한 번에 두 개 이상의 글을 읽고 같은 작업을 하십시오. 완전히 습관이 될 때까지 이 방법을 계속하면 아주 커다란 성과를 기대할 수 있습니다.

여유 시간을 활용해서 이와 같은 훈련을 행하면 집중력을 대폭으로 높일 수 있습니다. 하나의 문장을 한 마디도 빼놓지 않고 전부 기억하려면 기억하고 싶은 문장 이외의 생각이 머리에 떠오르는 것을 억제해야만 합니다. 그 억제력을 갖게 되는 것만으로도 훈련에 시간을 투자할 가치가 있는 것입니다.

물론 여기서 소개한 훈련이 전부 효과를 발휘할 수 있을지 없을지는 당신이 집중력을 구사해서 읽은 것을 머릿속에 그리기 위한 힘을 이끌어낼 수 있느냐 없느냐에 달려 있습니다. 어떤 작가는 이 힘을 '이야기에서 들은 산들을 자신의 눈앞에 세워놓고, 이야기에서 읽은 강의 흐름을 자신의 발밑에 펼쳐놓는 힘'이라고 표현했습니다.

□ 훈련17: 집중력으로 악습관을 극복하자

버리고 싶은 버릇이나 습관이 있다면 눈을 감고 당신 앞에 정말 당신 자신이 서 있다고 상상하시기 바랍니다. 그리고 자기 암시의 힘을 시험해보시기 바랍니다. 자신을 향해서 이렇게 말하는 것입니다.

'너는 나약한 인간이 아니다. 네가 원하면 그 습관을 버릴 수 있다. 그 습관은 유해하며 너는 그것을 버리고 싶다고 원하고 있다.'

자신이 다른 사람이 되어 당신에게 이 충고를 하고 있다고 상상하십시오. 이것은 매우 가치 있는 훈련입니다. 곧 다른 사람이 당신을 볼 때처럼 자신을 바라볼 수 있게 됩니다. 그리고 악습관은 당신을 지배하는 힘을 잃어 당신은 자유로운 몸이 될 수 있습니다.

타인의 시점으로 자신을 컨트롤하는 멘탈 이미지법을 익히면 나쁜 습관을 고치는 것이 즐거워집니다. 제가 알고 있는 많은 사람들이 이 방법으로 음주벽을 극복했습니다.

□ 훈련18: 시계를 사용한 집중력 훈련

의자에 앉아 초침이 있는 시계를 책상 위에 올려놓습니다. 초침의 움직임을 눈으로 따라가시기 바랍니다. 5분 동안 다른 것은 머릿속에서 전부 내몰고 초침에 대해서만 생각합니다. 의식의 흐름 속에 있는 다른 생각을 전부 초침에 대한 집중에 복종시킬 수 있다면 몇 분 동안밖에 시간이 없을 때 행할 수 있는 가장 좋은 훈련이 될 것입니다.

초침은 특별히 흥미 있는 것이 아니기 때문에 집중하는 것은 그리 간단한 일이 아닙니다. 그만큼 성공시키기 위해서는 더욱 커다란 의지의 힘이 필요하기 때문에 거기에 가치가 있는 것입니다. 이 훈련을 하는 동안에는 가능한 한 몸을 움직이지 않도록 하십시오.

이 방법으로 신경을 컨트롤하는 기술을 배울 수 있을 뿐만 아니라 신경이 안정돼서 마음이 평온해지는 효과도 거둘 수 있습니다.

□ 훈련19: 신념에 집중하자

집중력의 힘을 믿는 것이 중요하다는 것은 말할 필요도 없습니다. 따라서 원래대로 하자면 이것은 가장 먼저 소개해야 할 훈련입니다. 굳이 그렇게 하지 않았던 것은 집중력을 자신의 것으로 만들 수 있다는 사실을 직접 체험해보시기 바랐기 때문입니다. 여기까지 훈련을 해오셨다면 상당한 수준까지 집중력이 향상되었을 것이라고 생각되는데, 집중력의 힘에 대한 신념은 좀 더 강화할 수 있습니다.

당신에게 무엇인가 실현하고 싶은 욕망이나 소망이 있으며, 혹은 어떤 귀중한 충고가 필요하다고 합시다. 우선 자신이 바라는 것을 명확하게 그려보고, 다음에는 그것을 손에 넣는다는 생각에 집중합시다. 소망이 이루어질 것이라는 절대적인 신념을 갖도록 합시다. 그 신념대로 소망은 달성될 것이라고 믿기 바랍니다. 이 시점에서 자신의 신념을 분석해서는 안 됩니다. '왜' 믿는 것인지 그것은 아무래도 상관없습니다. 당신은 자신이 바라는 것을 손에 넣고 싶고 올바른 방법으로 그것에 집중하면 손에 넣을 수 있다, 고 생각하기만 하면 되는 것입니다.

주의

자신이 성공하지 못할 것이라고는 절대로 생각지 마십시오. 바라는 것을 이미 손에 넣은 자신의 모습을 그려봄으로 해서 그것은 실제로 당신의 것이 됩니다.

자기 불신에
대해서

자신을 믿지 못하겠다고 느낀 적이 있습니까? 있다면 자신에게 질문을 던져보시기 바랍니다. '나는 어떤 자신을 믿어야 하는가?' 다음에는 이렇게 말하십시오. '내 속의 보다 숭고한 나는 결코 더럽혀지지 않는다.' 그리고 숭고한 자신의 멋진 힘을 생각하십시오. 모든 어려움에는 그것을 극복하는 방법이 있으며 사람은 그 극복에서 커다란 기쁨을 느끼는 법입니다.

별로 마음 내키지 않는 면담이나 행사를 앞두고, 그것에 대한 불안이나 걱정 때문에 귀중한 생각의 힘을 낭비하지 말도록 합시다. 그 면담이나 행사의 장점을 최대한 이끌어내는 것에 집중된 생각과 시간을 바치도록 합시다. 그렇게 하면 그다지 불쾌하다고는 느껴지지 않게 됩니다. 대부분의 문제는 우리의 상상 속에 있습니다. 그것을 현실로 만들어버리는 것은 문제를 지나치게 두려워하는 마음입니다. 당신을 둘러싼 불행한 환경은 당신 자신의 부정적인 기분과 불안, 잘못 된 생각이 불러들이며 만들어내는 것입니다. 그리고 그 환경은, 당신이 자신 속에 있는 것을 발견함으로 해서 모든 불행을 정복할 수 있다는 사실을 가르쳐주고 있습니다.

자신에 대한 불신을 극복하기 위해서 '나는 왜 자신의 힘에 집중하고 있는 것일까?' 라고 생각해보시기 바랍니다. 그러면 당신의 신뢰를 결코 배신하지 않는 숭고한 당신에 보다 가까이 다가갈 수 있을 것입니다.

15

잊어버리지
않기 위한 기억력

사람들은 왜
기억하지 못하는 것일까요?

사람들이 무엇인가를 잊어버리는 것은 어떤 일을 해야겠다고 생각한 순간 그것에 마음을 집중하지 않기 때문입니다. 우리는 강한 인상을 심어 주는 것만을 기억합니다. 따라서 무엇인가를 기억하기 위해서는 우선 마음속에서 그것과 관련된 생각과 연관 지어 인상을 강하게 할 필요가 있습니다.

남편이 아내에게 '편지를 부쳐주세요.'라는 부탁을 받았다고 합시다. 남편은 별 생각 없이 편지를 받아 주머니에 넣은 뒤 그것에 대해서 까맣게 잊어버렸습니다. 하지만 편지를 건네받았을 때 자신에게 '나는 이 편지를 우체통에 넣겠다. 우체통은 다음 모퉁이에 있으니 그곳을 지날 때 이 편지를 우체통에 넣어야 한다.'라고 말했다면 우체통 앞을 지나는 순간에 편지를 생각해낼 수 있었을 것입니다.

좀 더 중요한 일에도 같은 법칙을 사용할 수 있습니다. 예를 들어서 오늘 점심을 먹으러 가다가 그길로 스미스 씨를 찾아보라는 지시를 받았다고 합시다. 그 지시를 받는 순간 자신에게 다음과 같이 말하면 결코 잊지 않을 것입니다.

'점심을 먹으러 나가서 블랭크 가의 모퉁이까지 가면 거기서 오른쪽으로 꺾어져 스미스 씨를 방문하자.'

이 방법으로 강한 인상을 심어줄 수 있기 때문에 블랭크 가라는 관련물이 눈에 들어오면 지시받은 용건을 떠올릴 수 있습니다.

중요한 것은 기억해야 할 것이 머릿속으로 들어온 순간에 그 인상을 강하게 하도록 노력해야 한다는 것입니다. 이것을 가능하게 하기 위해서는 그 사실 자체에 마음을 집중하는 것은 물론 그것과 관련된 것을 가능한 한 많이 생각해서 서로를 강화할 수 있도록 해야 합니다.

이렇게 기억력을 단련합시다.

마음은 '연상의 법칙'에 의해서 움직이고 있습니다. 즉, 동시에 마음속으로 들어온 것들은 상대 기억과 동시에 떠오른다는 법칙입니다.

사람들이 기억하고 싶은 것을 기억하지 못하는 이유는 무엇인가를 해야겠다고 결심하는 순간에 마음을 충분히 집중하지 않기 때문입니다.

결정한 일에 주의를 집중하면 '연상의 법칙'의 도움으로 기억력을 단련할 수 있습니다. 이런 습관을 들이게 되면 쉽게 주의력을 집중할 수 있게 되어 기억력도 간단히 단련할 수 있습니다. 그리고 당신의 기억은 중요한 순간에 잊혀지는 법 없이 나날의 일을 위한 귀중한 자산이 되어줄 것입니다.

그림을 한 장 선택해서 책상 위에 올려놓은 뒤 2분 동안 바라보십시오. 주의력을 그림에 집중시켜 세부까지 관찰합시다. 그런 다음 눈을 감고 그림에 대해서 어느 정도까지 떠올릴 수 있는지 확인해보십시오. 그림의 주제는 무엇인지. 재미있는 소재인지. 사실적인 그림인지. 앞쪽에 있었던 것, 중간에 있었던 것, 뒤쪽에 있었던 것. 색과 형태도 자세하게 기억해봅시다.

눈을 뜨고 잘못 된 점을 하나도 남김없이 엄격하게 체크해 정정하십시오. 그리고 다시 한 번 눈을 감고 처음보다 얼마나 더 정확하게 떠올릴 수 있는지 도전해보시기 바랍니다. 당신의 멘탈 이미지가 실제 그림과 세세한 부분과도 일치할 때까지 연습하시기 바랍니다.

훈련에 들어가기에 앞서서 시계를 봐둡시다. 시작해서 5분 이상 계속할 수 있을 것 같으면 그렇게 해도 상관없습니다. 이튿날 의자에 앉아서 그림을 보지 말고 생각을 집중해서 더욱 자세한 부분을 떠올릴 수 있는지 시험해보시기 바랍니다. 틀림없이 여러 가지를 떠올릴 수 있을 것입니다. 첫째 날에 떠올렸던 내용을 남김없이 적어놓은 뒤에 새로운 것을 발견할 때마다 덧붙여가면 좋을 것입니다.

자연은 훌륭한
교사입니다.

사람은 자연과 접할 때 자기 자신을 발견한다는 사실을 대부분의 사람들이 이해하지 못하고 있습니다. 자신 속에 있는 호기심에 넘친 감각을 사용해서 자연의 목소리를 들음으로 해서 우리는 모든 생명이 하나로 연결되어 있다는 사실을 알게 되고 자신의 잠재적인 힘에 눈을 뜨게 됩니다.

대부분의 사람들이 깨닫지 못한 사실인데, 귀를 기울여 집중한다는 간단한 행위는 우리 속에 있는 최고의 힘입니다. 다른 감각은 인간의 하등한 면에 관련되어 있지만 청각은 가장 숭고한 면과의 접촉을 가능하게 해줍니다. 자연과 가까운 곳에서 살수록 이 감각은 단련됩니다. 이른바 문명이라는 것은 우리의 청각을 희생으로 다른 감각을 지나치게 발달시켜 왔습니다.

스스로 느끼지는 못하지만 아이들은 집중력의 가치를 깨닫고 있습니다. 예를 들어서 어떤 어려운 문제를 풀려고 하는 아이가 있다고 합시다. 아무리 노력해도 앞으로 나가지 못하고 정신적으로 길이 막혀버렸을 때 아이들은 턱을 괸 채 가만히 움직이지 않고 무엇엔가 귀를 기울이고 있는 것 같은 모습을 보입니다. 그 아이를 관찰하고 있으면 갑자기 무엇인가 떠오른 표정을 지으며 기쁘다는 듯이 다시 문제를 풀기 시작, 곧 공부를 마칩니다. 도움이 필요할 때는 조용히 집중해야 한다는 사실을 아이들은 본능적으로 그리고 무의식적으로 알고 있는 것입니다.

훌륭한 사람들은 모두 집중할 줄 아는 사람들로 그 덕분에 성공을 거둔 것입니다. 의사는 환자의 증상에 대해서 생각하고, 기다리며, 번뜩이는 생각에 귀를 기울입니다. 그것은 아마 무의식적인 행위일 것입니다. 이런 방법으로 진단하는 의사는 거의 실수를 하는 법이 없습니다. 작가는 이야기의 플롯이 떠오르면 그것을 마음에 품은 채 기다립니다. 그러면 번뜩이는 생각이 찾아옵니다. 어떤 어려운 문제를 해결하고 싶다면 당신도 이같은 방법을 배우시기 바랍니다.

LESSON

16

집중력으로
소망을 달성한다

어떤 소망이든
이룰 수 있습니다.

　여러 가지 멋진 일들을 실현시켜주는 '알라딘의 램프'에 대한 이야기는 여러분도 읽은 적이 있을 것입니다. 그것은 물론 동화 속 이야기에 지나지 않습니다. 하지만 '사람의 내부에는 힘이 있고, 그 힘을 사용할 수만 있다면 어떤 소망이든 이룰 수 있다.'는 사실을 가르쳐줍니다.

　만약 당신이 진심으로 바라는 일을 실현하지 못했다면 이제는 신에게서 받은 힘을 사용할 때입니다. 자신 속에는 잠재적인 힘이 있으며, 그 힘을 단련해서 모습을 드러내게 하면 귀중한 지식과 성공으로 인도해줄 무한 한 가능성을 자기 마음대로 사용할 수 있다는 사실을 곧 깨닫게 될 것입니다.

　사람들은 모든 것을 충분히 가져야만 합니다. 대부분의 사람들이 그런 것처럼 단지 살아가는 데 필요한 만큼만을 손에 넣어서는 안 됩니다. 도리에 합당한 소망은 전부 실현할 수 있습니다. 사고의 힘 속에 그 사람의 혼이 있으며, 따라서 사고의 힘이 모든 창조물의 본질입니다.

인간의 본능은 모든 사고와 연결되어 있으며 모든 사고 속에는 커다란 가능성이 있습니다. 왜냐하면 세계의 참된 진보는 모두, 사고가 진정한 의미에서 단련되고 사고를 초월하는 신비한 힘과 연결되었을 때 태어난 것이기 때문입니다.

정숙함 속에서 우리는 사고를 초월하여, 사고를 표현수단으로 사용하는 '무엇인가'를 깨닫기 시작합니다. 그 '무엇인가'를 엿보는 사람들은 헤아릴 수도 없이 많지만 그 깊이를 측량할 수 있을 만큼 안정된 정신 상태에 도달하는 사람은 매우 드뭅니다. 고요하고 집중된 사고는 입을 통해서 나오는 말보다도 강한 영향력을 가지고 있습니다. 입을 통해서 나온 말은 주의를 밖으로, 밖으로 돌리기 때문에 마음이 집중하는 데 필요한 힘으로부터 주의를 돌리게 합니다.

사람은 자신의 내부에 존재하는 신을 찾기 위해서, 자신을 신뢰하는 것을 더욱 배워야만 합니다. 현실의 어려운 문제를 해결하기 위한 힘을 가져다주는 것은 자신 속에 존재하는 신밖에 없습니다. 언제나 우리 속에는 신의 힘이 존재하고 있기 때문에 포기해서는 안 됩니다. 실패하는 것은, 그것을 사용하면 길을 안내해주는 참된 힘의 존재를 깨닫지 못하고 잘못된 방향에서 힘을 찾기 때문입니다.

성공할 수 있다는
자신감을 가집시다.

나약한 인간은 상황에 컨트롤당합니다. 강한 사람은 상황을 컨트롤합니다. 당신은 정복하는 쪽이 될 수도 정복당하는 쪽이 될 수도 있습니다. 집중의 법칙을 사용하면 당신은 진심으로 바라고 있는 소망을 달성할 수 있습니다. 이 법칙은 언뜻 불가능한 것처럼 보이는 일까지도 달성 가능하게 해줄 정도로 힘에 넘쳐납니다.

이 법칙으로 처음에는 꿈이라고 생각했던 것을 실현할 수 있습니다.

집중의 첫걸음은 자신이 달성하고 싶은 것의 멘탈 이미지를 그려보는 것입니다. 그 이미지가 생각의 씨앗이 되어 같은 성질의 생각을 불러옵니다. 이 생각이 머릿속의 상상이나 창조를 관장하는 영역에 심어지면 관련된 것끼리 분류된 그룹이 만들어집니다. 그리고 그 그룹은 당신의 소망이 강한 집중력을 낳을 만큼의 진지함을 가지고 있는 한, 점점 커져갑니다.

매일 5분 동안 실현되기 원하는 것에 대해서 생각하는 습관을 갖도록 합시다. 다른 것은 모두 의식 속에서 내몰기 바랍니다. 나는 성공할 수 있다는 자신감을 갖도록 합시다. 앞길에 있는 장애물을 전부 제거, 어떤 상황도 극복할 수 있다고 굳게 결심하십시오.

그것을 실행하는 데 사고의 세계의 힘으로 넘쳐나고 있는 '자연의 법칙'을 이용합시다.

집중력을 기르는 데 커다란 도움을 주는 것은 당신 마음속의 가장 소중한 것에 대한 생각을 적어보는 것입니다. 그것에 대해서 더 이상 쓸 것이 없어질 때까지 조금씩 적어가도록 해보십시오.

우리가 끌어들이고
있는 것은?

의식의 흐름 한가운데에 있는 생각에 자신의 힘을 집중시키면 매일 새로운 계획이나 아이디어, 방법이 마음속에서 번뜩입니다. 이것은 당신의 목표달성을 도와주는 '유인의 법칙'의 힘입니다.

예를 들어서 광고를 만드는 일에 종사하고 있는 사람이 어떤 분야의 선전물을 만든다고 합시다. 자신의 아이디어는 이미 결정되었지만 다른 사람들의 생각도 알고 싶어서 정보를 수집해보니 그 주제와 관련된 책이나 안, 구상을 헤아릴 수도 없이 많이 찾을 수 있었습니다. 일을 막 시작했을 때는 존재조차 알 수 없었던 정보들입니다.

이는 어떤 분야에서나 있을 수 있는 일입니다. 우리는 자신에게 도움이 되는 것들을 끌어들일 수 있습니다. 기적과도 같은 도움을 얻는 적도 그리 드물지 않습니다. 조용하고 눈에 보이지 않는 힘은 일단 움직이기 시작하면 우리가 자신의 역할을 다하고 있는 한, 시기는 조금 늦을지 몰라도 반드시 성과를 가져다줍니다.

그 조용한 힘은 그것을 사용하고 싶어 하는 사람들을 위해서 늘 그 자리에 있으며 손을 내밀려고 준비를 하고 있습니다. 자기 소망의 강한 멘탈 이미지를 그려봄으로 해서 뿌린 생각의 씨앗은 당신 편이 되어 움직이기 시작, 당신의 소망이 숭고한 당신과 조화를 이루기만 한다면 곧 싹을 틔웁니다.

당신에게 도움이 되며 타인에게 해를 주지 않는 일에 대해서만 실현을 바라며 집중하도록 합시다. 말할 필요도 없겠지만, 너무도 강하게 성공을 바란 나머지 자신 이외의 사람이나 그들의 권리를 잊어버리고 마는 사람들이 많습니다.

선량한 성질을 가진 것이라면 우리는 무엇이든 손에 넣을 수 있습니다. 단, 그것은 함께 인생을 여행하는 동료들에게도 정당한 보수를 주어야만 한다는 법칙에 자신의 힘을 조화시킬 때만 그런 것입니다. 그러니 우선은 바라는 것을 손에 넣는 것이 자신에게 도움이 되는지 곰곰이 생각해보시기 바랍니다. 그리고 이렇게 말합시다.

'나는 이것을 하고 싶다. 그것을 실현하기 위해서 노력하겠다. 나를 위

해서 길은 열릴 것이다.'

성공이 무엇인지를 마음속으로 완전하게 이해하고 그 생각을 매일 마음속에 품고 있으면 성공이 점점 형태를 갖춰 결국에는 현실이 됩니다. 그리고 망설임이나 불안은 결코 접근하지 못하도록 하는 것이 중요합니다. 그와 같은 파괴적인 힘을 당신의 생각과 연결 짓지 않도록 하십시오.

마음속으로
그려보는 것이 중요.

드디어 당신은 원하는 대로 상황을 만들어내고, 뜻에 맞지 않는 환경에서 벗어나기 위한 여러 가지 도움을 뜻하지 않은 형태로 받게 되었습니다. 지금부터는 주위 풍경이 전혀 다르게 보일 것입니다. 환경의 노예가 아니라 환경의 주인이 되기 위한 힘을 자신 속에서 일깨움으로 해서 당신은 행복을 발견해 갈 것이기 때문입니다.

이와 같은 사고법에 서툰 분들은 이 책의 내용에 거부감을 느끼거나, 혹은 웃기는 얘기라고 생각할지도 모르겠습니다. 어쨌든 말도 안 되는 소리라고 단정 짓기 전에 우선은 시험해보시기 바랍니다. 틀림없이 효과가 있을 것입니다.

발명가는 아이디어를 형태로 만들기 전에 멘탈 이미지를 그려보고 그 것을 음미합니다. 건축가는 집을 설계할 때 우선 멘탈 이미지를 그려보며 거기서 실제의 집이 태어납니다. 어떤 것이든, 어떤 사업이든 우선 마음 속에서 창조되지 않으면 안 됩니다.

제가 아는 사람 중에 13센트를 자본금으로, 사회적 신용도는 1달러의 가치도 되지 않는 상태에서 사업을 시작한 사람이 있습니다. 그런데 10년 만에 그 회사를 막대한 이익을 올리는 대기업으로 성장시켰습니다. 그는 자신을 성공으로 이끈 것이 두 가지 있다고 말합니다. 하나는 자신은 성공할 수 있다는 신념, 다른 하나는 앞뒤 가리지 않고 일한 것이라고 합니다.

폭풍을 견디지 못할 것이라고 생각했던 적도 있었습니다. 그럴 때, 그가 파산할 것이라고 생각한 채권자들이 절반이라도 건지면 운이 좋은 것이라고 생각하여 그에게로 몰려들었습니다. 그러면 그는 잘 풀리고 있다는 듯이 행동해서 지불 시기를 연장했다고 합니다.

무슨 일이 있어도 얼마의 금액이 필요하다고 생각될 때는 틀림없이 그 금액을 준비했습니다. 커다란 금액을 지불해야 하는 날이 다가오면 그는 자신에게 돈을 지불해야 하는 사람들이 몇 월 며칠까지 대신 지불하도록 하겠다고 굳게 결심, 실제로 돈을 지불하게 했습니다. 연기한 기간의 마지막 날, 마지막 우편으로도 수표가 도착하지 않았지만 이튿날 고객 중

누군가가 수표를 보낼 것이라는 예상 하에 자신 명의로 된 수표를 발송했습니다.

'그 사람이 수표를 보낼 것'이라는 생각에 집중함으로 해서 상대방을 실제로 그렇게 하게 만드는 힘에 대한 신념 외에 아무런 근거도 없었지만 그의 기대가 배반당한 적은 거의 없었습니다.

필요한 노력에 집중하기만 하면, 당신이 알지 못하는 힘의 원천이 커다란 도움을 주는 법입니다. 위대한 스승, 예수의 영적인 말을 기억하시기 바랍니다.

'네가 무엇을 바라며 기도하든 그것을 이미 받은 것처럼 기도하면 손에 넣을 수 있을 것이다.'

LESSON

17

이념을 기르는 법

이념에 집중하면
그것은 현실의 것이 된다.

저 사람은 관념주의자다, 라는 말을 곧잘 들을 수 있습니다. 하지만 사람은 누구나 어느 정도는 관념주의자로 어떤 관념이나 이념을 갖느냐가 최종적으로 성공을 좌우합니다. 어떤 형태가 있는 것을 만들어내고 싶다면 그것에 대한 멘탈 이미지를 가져야만 합니다.

어떤 것이든 처음에는 머릿속에서 창조됩니다. 즉, 생각을 컨트롤할 줄 알면 무엇이든 현실의 것으로 만들 수 있습니다. 당신에게 있어서 이 세상의 모든 것은 당신이 '이렇다.' 고 생각하는 모습으로 존재합니다. 따라서 당신의 행복이나 성공도 역시 당신의 이념에 좌우되는 것입니다.

당신은 의식적이든 무의식적이든 자신이 경험한 모든 상황에 책임이 있습니다. 다음 한걸음을 어떻게 내딛느냐가 그 다음의 한걸음을 결정합니다. 이는 매우 중요한 사실입니다. 자신이 내딛는 한걸음 한걸음에 집중함으로 해서 헛되이 돌아다니는 일이 없어지기 때문에 멀리 돌아가지 않고 일직선으로 길을 갈 수 있게 됩니다.

우리는 집중을 통해서 자신의 이념을 형태가 있는 것으로 만들어갑니다. 당신의 장래를 결정하는 것은 당신이 지금 만들어가고 있는 이념입니다. 당신의 현재를 결정한 것은 당신이 과거에 지녔던 이념입니다. 즉, 밝은 미래를 원한다면 지금 그것을 위한 준비를 시작해야 합니다.

자신이 상처를 줄 수 있는 것은 자신뿐입니다. 표면적으로는 타인에게 상처를 주고 있는 것처럼 보일지 몰라도 사실은 자신에게 상처를 주고 있는 것입니다. 우리가 그 사실을 깨닫는다면 세상은 얼마나 변할까요?

사람은 날씨처럼 변하기 쉬운 것이라고들 합니다. 즉, 사람의 이념은 변하기 쉬운 것이라는 뜻입니다. 당신의 이념이 변할 때마다 당신의 사고가 변합니다. 그러면 당신은 파도에 떠다니는 키 잃은 배처럼 되어버립니다.

현실의 것이 될 때까지 이념을 버리지 않고 가지고 있다는 것은 매우 중요한 일입니다.

왜 이렇게 많은 사람들이 좌절하는 걸까요?

당신은 아침에 일어나서 오늘은 무슨 일이 있어도 화를 내지 않겠다고 결심합니다. 그것은 '참된 강인함과 평정을 가진 사람'이라는, 당신의 이념입니다. 하지만 당신의 기분을 매우 상하게 하는 어떤 일이 일어나면 당신은 화를 냅니다. 그 동안 당신은 자신의 이념을 잊은 상태가 됩니다.

만약 아주 잠깐 동안 시간을 할애해서, 평정심을 잃지 않는 사람이라면 어떤 태도를 취할지에 대해서 생각했다면 화를 내지 않았을 것입니다. 사람은 이념을 잃었을 때 평정심을 잃습니다. 우리는 자신의 이념을 좌절시킬 때마다 의지의 힘을 약하게 하는 것입니다. 이념을 확고하게 지키면 의지의 힘이 강해집니다. 이 사실을 잊지 마십시오.

왜 이렇게 많은 사람들이 좌절하는 걸까요? 그것은 정신적인 습관이 될 때까지 이념을 품고 있지 않기 때문입니다. 다른 것들을 전부 몰아낼 때까지 집중하면 이념은 현실의 것이 됩니다.

'나는 내 자신이 '나는 이런 인간이다.'라고 생각하는 인간이다.'

이념은 눈에 보이지 않는 정신이 우리에게 보내는 것입니다. '물질의 법칙'과 '정신의 법칙'은 같지 않습니다. 물질은 파괴할 수 있지만 정신은 파괴할 수 없습니다. 당신의 미래가 행복할지 불행할지는 당신의 이념이 어디까지 지켜지느냐에 따라 결정됩니다.

사람은 괴로워하라고 만들어진 것이 아닙니다. 자연의 법칙을 따르지 않기 때문에 괴로워지는 것입니다. 그런 법칙은 모른다는 변명은 통하지 않습니다. 누구나 알고 있는 것입니다. 그렇다면 왜 그 법칙에 따르지 않는 것일까요? 그것은 신의 정신이 우리에게 보낸 번뜩이는 생각에 주의를 기울이지 않기 때문입니다.

세상에서 유일하게
의지할 수 있는 것은?

인생의 길은 끊임없이 계속됩니다. 그 길을 즐겁게 걸어갈 수도 있고 비참한 기분으로 걸어갈 수도 있습니다. 그것을 결정하는 것은, 어디에서 오는지 알 수 없는 조용한 속삭임을 우리가 마음속으로 어떻게 받아들이느냐 하는 것입니다.

그 속삭임은 귀로는 들을 수 없습니다. 조용한 가운데 마치 꿈처럼 찾아옵니다. 당신이나 내게만 찾아오는 것이 아니라 모든 사람들에게 찾아옵니다. 이처럼 숭고한 사고가 우리들을 찾아오는데 그것을 활용하느냐 악용하느냐는 우리에게 달린 문제입니다. 따라서 고고한 사고를 찾기 위해 비장의 책을 펼칠 필요는 없습니다. 자신 속을 찾아보면, 실현되기를 기다리고 있는 밝고 빛나는 비전이 그 순간부터 당신의 것이 될 것입니다.

끈기 있게 가만히 집중해서 생각하는 시간을 몇 시간 설정해둡시다. 자기 자신에 대해서 그리고 자신의 나약함에 대해서 생각해보십시오.

벽 너머로 갔으면 좋겠다는 바람만으로는 그 누구도 벽을 넘을 수 없습니다. 벽을 넘어야만 합니다. 즉, 단조롭고 따분하고 신물이 날 것 같이 반복되는 일상에서 벗어나고 싶다고 바라는 것만으로는 거기서 벗어날 수 없다는 말입니다. 벽을 오르지 않으면 안 됩니다.

만약 당신이 같은 장소에 머물러 있거나 뒤로 물러났다면 무엇인가 잘못 된 것입니다. 무엇이 잘못 됐는지 밝혀내는 것은 당신이 해야 할 일입니다. 자신이 무시를 당하고 있다거나, 이해를 얻지 못하고 있다거나, 감사를 받고 있지 못하다고는 생각지 마십시오. 그것은 실패하는 사람들의 생각입니다. 당신이 부럽게 여기고 있는 것을 소유하고 있는 사람은 그것을 손에 넣기 위해서 노력을 했다는 사실을 잘 생각해보시기 바랍니다.

자신을 가엾게 여기지 말고 비판합시다.

세상에서 당신이 의지할 수 있는 것은 당신 자신밖에 없다는 사실을 잊지 마시기 바랍니다.

LESSON

18

멘탈 파워의 힘

멘탈 파워를 사용하여
바라는 것을 손에 넣읍시다.

얼마 전, 발명가들의 모임에 참가할 기회가 있었습니다. 그 자리에서 회원들이 한 명씩 장래에 실현될 것이라고 생각되는 것에 대해서 짧은 발표를 했습니다. 전부가 우리 생활에 필요한 것들뿐이었습니다. 한 발명가가 이야기한 것은 무선전화의 가능성에 대한 것이었습니다. 머지않은 미래에 거리는 전혀 문제되지 않을 것이라고 그는 말했습니다.

몇 천 킬로미터 떨어진 바다 속, 수심 70미터까지 들어간 잠수함의 승무원과 이야기할 수 있는 것은 그렇게 먼 미래의 일이 아닐 것이라고 말했습니다.

그는 이야기를 마친 뒤, '이것이 불가능한 일이라고 생각하시는 분 계십니까?' 라고 물었습니다. 손을 든 사람은 아무도 없었습니다. 발명가들은 논의를 좋아하니, 회원들은 발표자를 생각해서 반론을 하지 않은 것이 아니라 출석한 사람들 전원이 그의 예측이 장래에 실현될 것이라고 믿어 의심치 않았던 것입니다.

그 중에는 진짜 천재도 있었습니다. 그처럼 우수한 사람들이 한 명의 예외도 없이 몇 천 킬로미터나 떨어진 곳에 있는 사람과 매개체를 통하지 않고 이야기할 수 있는 날이 올 것이라고 생각한 것입니다. 몇 천 킬로미터나 멀리 있는 사람에게 무선으로 메시지를 보낼 수 있는 놀라운 기계를 만들 수 있다면, 멘탈 컨트롤로 사람 사이에 메시지를 전달하는 것도 가능하지 않을까요?

어느 회사에서나 주위에 무언의 메시지를 발신하는 능력이 뛰어난 사람을 채용하는 날이 올 것입니다. 그들이 발신하는 영향력은 매우 강해서 어느 정도까지는 종업원을 컨트롤할 수도 있습니다. 따라서 앞으로는 멘탈 파워를 사용하여 원하는 것을 손에 넣고, 도움이 되는 힘을 끌어들이고, 종업원이나 친구들에게 자신의 제안을 보내는 경우가 점점 더 늘어날 것입니다. 상대방은 메시지를 받았다는 사실을 의식하지 못하지만, 당신의 개성이 강하면 입으로 전달했을 때와 마찬가지로 그 제안을 실행에 옮겨줍니다.

사실 이것은 지금도 행해지고 있습니다. 탄탄하게 조직화된 회사는 종업원 전원의 노력을 하나로 모읍니다. 각자 다른 일을 하고 있지만 전원이 최고의 결과를 만들기 위해서 일하고 있습니다. 최고 수준의 일을 하겠다는 기개가 회사 내에 넘쳐나며 누구나 전력을 다해야 한다고 생각하고 있습니다. 이런 환경에 있으면 누구나 최선을 다해서 일을 하지 않을 수 없을 것입니다.

회사의 성공은 모든 종업원들이 하나의 결과를 목표로 결속하는 정도에 비례합니다. 그리고 적어도 한 사람, 목표로 하는 결과를 향해서 전원을 인도해줄 사람이 필요합니다. 그는 부하들에게 구체적으로 어떤 일을 해야 하는지 지시할 필요는 없지만 그들을 컨트롤하기 위한 멘탈 파워를 지니고 있어야만 합니다.

오늘날, 사업상의 편지는 빤한 문구를 늘어놓는 상투적인 것이 아닙니다. 쓰는 사람은 받는 사람이 알면 기뻐할 정보를 전달하려고 합니다. 이 방법으로 상대방이 공감하도록 하려는 것입니다. 때로는 사무적인 편지에 한두 마디 덧붙이는 것만으로도 상대방의 반응을 이끌어낼 수 있습니다. 편지에 적힌 내용이 아니라 편지가 발하는 정신적인 메시지가 성과를 가져다주는 경우도 있습니다. 이 분석 불가능하고 실체도 없는 무엇인가가 바로, 쓴 사람의 생각이 밖으로 향해서 발신되는 것이며 그것이 되돌아올 때는 수확을 가지고 함께 돌아오는 것입니다.

성공으로 인도하는
멘탈 파워를 지닙시다.

그렇다고 해서 우리는 언제나 자신의 성공만을 추구해서는 안 됩니다. 친구나 가족의 성공을 바란다면 그 사람이 성공한 모습을 떠올려보십시오. 그 사람이 올랐으면 좋겠다고 생각하는 지위에 오른 모습을 당신이 상상해주십시오.

만약 그 사람에게 어떤 약점이 있다면 극복할 수 있도록 바라고 명령하십시오. 그 사람의 부정적인 면 때문에 생긴 단점이 있다면 긍정적인 면이 그것을 대신하는 모습을 그려보시기 바랍니다. 매일 일정한 시간에 건설적인 생각을 그 사람에게 보내도록 합시다. 그러면 그 사람의 멘탈 파워가 활동을 시작, 눈을 뜨게 된 힘이 점점 모습을 드러낼 것입니다.

상대방을 성공으로 인도하는 직접적이고 긍정적인 메시지를 발신함으로 해서 보통 사람으로서는 도저히 믿을 수 없을 정도로 많은 것들을 달성할 수 있습니다. 단, 상대방이 성공하느냐 못하느냐는 받은 메시지를 바탕으로 그 사람이 행동하느냐 마느냐에 달려 있습니다.

사람은 전진, 아니면 후퇴입니다. 같은 장소에 머물러 있을 수는 없습니다. 어떤 일을 이룰 때마다 보다 커다란 일을 할 수 있는 능력이 몸에 배게 됩니다. 커다란 일을 하려고 마음먹을수록 장래에 달성할 수 있는 일도 커집니다.

회사가 성장함에 따라서 사장도 성장을 해야 합니다. 전진하면서 언제나 사람들을 인도하고 영향을 주어야만 합니다. 그런 사람은 컨트롤의 힘으로 자신과 함께 하는 사람들 속에 자신감을 심어줍니다.

몇 가지 점에서 고용주보다 뛰어난 소질을 가진 종업원을 흔히 볼 수 있습니다. 만약 그들이 자신의 소질을 적당히 취급하지 않고 신장시키기 위해서 노력했다면 지금쯤은 사람을 고용하는 입장이 되었을 것입니다. 그리고 지금, 자신을 고용한 경영자보다도 훨씬 더 큰 영향력을 가진 고용주가 되었을 것입니다.

당신은 멘탈 파워를 통해서 다른 사람 속에서 열의와 의욕이 생겨나도록 할 수 있습니다. 그리고 그들은 그 의욕을 원동력으로 의미 있는 일을 달성하게 될 것입니다.

사람이 멘탈 컨트롤에 집중하면 육체적인 힘보다도 영향력이 강한 힘을 갖게 됩니다. 그렇게 되면 정신력에는 다른 힘을 컨트롤하고, 인도하고, 지배하는 힘이 있다는 사실을 깨닫게 됩니다. 즉, 바라는 것을 획득할 수 있는 정신 상태가 되는 것입니다.

제 아무리 강한 인간이라 할지라도 우리는 모두 자기 환경의 멘탈 파워로부터 영향을 받고 있습니다. 영향을 받지 않는 사람은 없습니다. 장소가 가진 힘으로부터 마음은 달아날 수 없는 법입니다. 직장환경이 바람직하지 않다면 당신에게는 도움이 되지 않습니다. 직장이 바뀌면 일이 순조롭게 진행되는 사람들이 많은 것은 그런 이유에서입니다.

우리는 모두 고독하게 살아서는 안 됩니다. 자신의 생각 속에만 갇혀 있으면 정신적인 기아 상태에 빠집니다. 마음이 좁아져서 멘탈 파워가 쇠약해집니다. 혼자서 살아가면 정신 장애 직전의 증상이 나타나는 경우가 흔히 있습니다. 같은 또래의 아이들과 놀지 않고 어른하고만 접하는 아이는 어른이 하는 행동을 하게 됩니다. 자신보다 젊은 사람들과 접하는 어른도 마찬가지로 젊은 정신이 몸에 뱁니다. 젊음을 유지하고 싶다면 젊은 사람들에게서 영향을 받아야 합니다. '근묵자흑(近墨者黑, 사람은 사귀는 사람에 물들기 쉽다)'은 세계 어디서나 통하는 말입니다.

사고의 통일이
필요합니다.

우리 인생에서 사고라는 요소는 커다란 역할을 수행하고 있습니다. 어떤 회사에서나 종업원에게는 육체적인 노력뿐만 아니라 사고 면에서도 노력을 하게 해야 합니다. 즉, 회사 내의 사고를 통일할 필요가 있는 것입니다. 고용주는 모든 종업원이 같은 방향으로 사고하게 해야 합니다. 그렇게 하면 종업원들이 진심으로 공감하며 일을 하게 되기 때문에 서로에 대한 이해심도 깊어질 것입니다. 그 결과 종업원이 서로 도울 수 있게 됩니다.

하지만 서로 공감을 하지 못하면 이는 절대로 불가능한 일입니다. 그것이 있어야만 비로소 완벽한 조직을 만들 수 있으며 전원이 하나의 결과를 향해서 움직일 수 있게 되는 것입니다. 이러한 회사에서는 종업원이 개인 단위로 움직이는 것이 아니라 각각이 커다란 바퀴의 바큇살로 존재합니다. 각자가 자신의 몫을 최선을 다해 수행합니다. 그런 분위기 속에서 일한다면 누구나 최고의 일을 할 수 있을 것입니다.

뛰어난 지도자에게는 이와 같은 협동정신을 사람들 사이에 불어넣는 능력이 필요합니다. 우선 멘탈 컨트롤을 사용하여 자신에게 힘이 되어줄 사람들을 만들어야 합니다. 그런 다음 그들에게 멘탈 컨트롤의 가치를 깨우쳐주는 것입니다. 그렇게 하면 상호간에 굳건한 유대관계가 형성돼, 하나의 목적을 향해서 일하기 시작합니다. 힘을 모아 일을 하기 때문에 일이 진척되어 많은 것을 달성할 수 있게 됩니다.

당신의 회사가 올바른 정신으로 운영되고 있다면 당신의 사고와 아이디어를 종업원들에게 전달할 수 있습니다. 당신의 방법과 아이디어가 그들 것이 됩니다. 그들은 깨닫지 못하지만 당신의 멘탈 파워가 그들의 일을 만들어가는 것입니다. 당신의 멘탈 파워는 현존하는 어떤 육체적인 힘보다도 확실하게 성과를 가져다줄 것입니다.

미래의 사업가들은 종업원이 보다 좋은 생각, 보다 좋은 판단을 내릴 수 있도록 노력할 것입니다. 종업원이 낙담하거나 의욕을 잃지 않고, 시간을 낭비하지 않고, 고용한 사람이나 고용된 사람 모두에게 이익을 가져다줄 집중된 노력으로 시간을 보낼 수 있도록 강하게 바랄 것입니다. 미래의 비즈니스에는 틀림없이 실력주의의 정신이 훨씬 더 강하게 도입될 것입니다.

마음가짐과
성공의 깊은 관계.

많은 기업들이 한 번도 일해본 경험이 없는 백지 상태의 사람을 고용하려 합니다. 그들은 훈련되어 있지는 않지만, 다른 관점에서 보자면 비즈니스에 대한 잘못 된 지식이나 악습도 가지고 있지 않습니다. 몸에 밴 것이 아무것도 없기 때문에 지도하기 쉬우며 새로운 방법도 쉽게 이해합니다. 그들은 바로 올바른 길을 걷기 시작하며 협조적인 태도로 일에 임하기 때문에 회사는 이미 완성되어 있는 방법을 그들이 배울 수 있도록 정신적으로 지원을 해줍니다. 그것이 그들 속의 자신감을 일깨워 능력을 길러주기 때문에 그들은 곧 유능한 사원이 됩니다.

오늘날의 대기업은 대부분이 '효율의 전문가'를 고용합니다. 그들은 매일, 혹은 매주 다른 부서를 돌아다니며 지도합니다. 기업이 그들에게 돈을 지불하는 이유는, 오랜 세월에 걸쳐서 다듬고 많은 돈을 들여서 완성시킨 방법을 사용해 경험이 전혀 없는 것과 다를 바 없는 인재들에게 확실히 일을 가르치는 전문가들이기 때문입니다.

마음가짐과 성공과의 관계는 우리가 생각하고 있는 것보다 훨씬 더 깊습니다. 따라서 우리에게 도움이 되는 마음의 힘을 기를 필요가 있습니다. 올바로 컨트롤되고 표현된 생각 속에는 뛰어난 힘이 있으며, 그 힘은 집중력에 의해서 최대한으로 향상되어야만 합니다.

우리는 여러 가지 힘에 둘러싸여 있지만, 지금 그 힘에 대해서 사람들이 알고 있는 것은 매우 적습니다. 우리의 지식은 앞으로 놀랄 만큼 늘어날 것입니다. 우리가 조금도 의식하고 있지 못한, 가능성으로 넘쳐나는 초능력에 대해서 매해 새로운 사실들이 밝혀지고 있습니다. 이 숭고한 힘은 틀림없이 헤아릴 수도 없이 많은 미래의 사람들을 인도할 것입니다. 당신도 이 힘을 사용하고 싶다면 멘탈 컨트롤을 믿고, 잘 알고서 사용해야만 합니다.

LESSON

19

집중력으로 키우는 강한 의지

새로운 방법을
생각합시다.

레슨 19에서는 의지를 단련하는 데 아주 효과적이며 현실적인 방법을 소개하도록 하겠습니다. 당신이 '강한 의지를 기르고 싶다.'고 원하면 기를 수 있습니다. 당신의 의지를 미래의 힘을 끌어들이는 발전기로 만드는 것입니다. 여기서 소개할 훈련을 실행하면 운동으로 근육을 단련하는 것처럼 의지를 단련할 수 있습니다.

무엇을 시작하든 초보적인 원칙에서부터 시작하는 것이 중요합니다. 따라서 여기서 소개할 훈련도 단순한 것입니다. 집중력의 훈련으로 정신을 단련함으로 해서, 최종적으로 어느 정도까지 효과를 볼 수 있는지를 예측하기란 불가능한 일입니다. 아주 단순한 훈련이라도 효과를 우습게 생각해서는 안 됩니다.

이번 훈련을 성공시키기 위해서는 진지하게 몰두해서 임해야 합니다.

의지를 단련하는 법을 가르쳐드릴 수는 있지만, 그것에 성공하느냐 못하느냐는 당신이 이 방법을 철저하게 익혀서 활용하느냐 못하느냐에 달려 있습니다.

〈훈련의 준비〉

누구도 방해하는 사람이 없는 방을 골라서 시간을 잴 시계와 관측한 것을 적을 '기록 노트'를 준비합니다. 어떤 훈련이든 날짜와 시각을 기입하는 것부터 시작합시다. 4일째부터 6일째까지의 '기록 노트 기입 예'를 참고로 기록을 하시기 바랍니다.

훈련 1 문의 손잡이를 이용한 훈련

◆ 첫째 날 오후 10시.

시각을 결정합니다. 하루 중 편안한 시각을 선택해주십시오. 여기서는 오후 10시로 하겠습니다. 의자에 앉아 문의 손잡이를 10분간 바라봅니다. 그리고 그 10분 동안 경험한 것을 적습니다. 처음에는 부자연스럽고 이상한 기분이 들 것입니다. 같은 자세를 10분 동안 유지하는 것은 그리 쉬운 일이 아니지만 가능한 한 움직이지 마십시오. 생각은 문의 손잡이에서 떠날 것이며, 당신은 이 훈련에 무슨 의미가 있는지 생각하게 될 것입니다.

이 훈련을 6일 동안 반복해주십시오.

◆ 둘째 날 오후 10시.

어제보다 더 오래 가만히 앉아 있는 것, 시간을 더 보내는 것이 목표입니다. 의지를 컨트롤하는 요령이 생기기 시작, 자신이 조금 더 강해졌다는 느낌을 받게 될 것입니다. 결의를 지켰다는 사실에 의욕이 솟아오릅니다.

◆ 셋째 날 오후 10시.

매우 바쁜 하루를 보냈다면 당신의 생각은 오늘 했던 일을 되돌아보려고 할지도 모릅니다. 그럴 때는 문의 손잡이에 집중하기 어렵겠지만 그래도 포기하지 말고 계속하면 쓸데없는 생각을 전부 지울 수 있습니다.

그러면 당신은 의지를 컨트롤할 수 있는 힘을 더욱 갖고 싶다는 소망을 느끼게 될 것입니다. 의지를 관철시켰을 때 자신에게 힘이 찾아오는 것을 느낄 수 있습니다.

이 훈련을 행하면 자신이 커졌다는 느낌이 들어 당신 속의 기품이나 인간다움이 눈을 뜨게 됩니다. 당신은 이렇게 말하고 싶어질 것입니다.

'나는 하고 싶은 일을 할 수 있으며 쓸데없는 생각을 내몰 수 있다는 사실을 알았다. 이 훈련이 가치 있는 것이라는 사실을 지금은 잘 알고 있다.'

◆ 넷째 날 오후 10시.

기록 노트 기입 예:

저는 문의 손잡이를 바라보며 바로 주의를 문의 손잡이에 집중시킬 수 있습니다. 다리도 움직이지 않게 되었습니다. 저는 하고 싶은 일을 할 수 있으며, 다른 사람의 지시를 받지 않고서도 할 수 있다고 확신할 수 있기 때문에 문의 손잡이 이외의 생각이 머릿속으로 들어오려고 하지 않습니다. 정신적으로 더욱 강인해져 간다는 것을 느낄 수 있으며 내 의지의 힘의 주인이 되는 것이 얼마나 가치 있는 일인지 알게 되었습니다. 지금의 나라면 결심한 것을 반드시 지킬 수 있습니다. 자신에 대한 자신감이 강해졌으며 셀프컨트롤도 잘 되고 있다는 사실을 느낄 수 있습니다.

◆ 다섯째 날 오후 10시.

기록 노트 기입 예:

제 집중력은 날이 갈수록 강해지고 있는 듯합니다. 제가 바라는 것이라면 무엇에나 주의를 집중할 수 있다는 것을 느낄 수 있습니다.

◆ 여섯째 날 오후 10시.

기록 노트 기입 예:

저는 의자에 앉으면 바로 모든 주의력을 문의 손잡이에 집중할 수 있습니다. 이 훈련은 완전히 마쳤기 때문에 이제 다른 훈련으로 들어가겠습니다.

여기까지 왔다면 이 훈련의 목적은 충분히 이루어진 것입니다. 단, 다른 훈련으로 넘어가기에 앞서서 마음과 의지의 충동적인 움직임을 얼마나 잘 컨트롤할 수 있는지 간단하게 적어보시기 바랍니다. 이것도 훌륭한 훈련이 됩니다. 마음이 보여주는 신비하고 멋진 움직임에 주의를 쏟는 것만큼 마음의 단련에 좋은 것도 없습니다.

훈련 2 카드를 사용한 훈련

카드를 한 벌 준비합니다. 이 훈련을 행할 시간을 결정해 주십시오. 매일 같은 시각, 한 손에 카드 한 벌을 전부 들고 규칙적인 동작으로 가능한 한 천천히 한 장씩 뒤집어서 쌓아갑니다. 카드는 가능한 한 잘 정돈해서 내려놓아 밑의 카드가 완전히 보이지 않도록 합니다. 이 훈련을 6일 동안 반복합니다. 4일째부터 6일째까지의 '기록 노트 기입 예'를 참고로 하겠습니다.

◆ 첫째 날 오후 10시.

첫째 날에는 단조롭고 지루한 작업이라는 생각이 들 것입니다. 모든 카드를 밑의 카드가 완전히 보이지 않도록 내려놓기 위해서는 아주 강한 집중력이 필요합니다. 틀림없이 좀 더 빨리 카드를 내려놓고 싶다는 생각이 들 것입니다. 천천히 내려놓으려면 인내심이 필요한데 그렇게 하지 못한다면 이 훈련은 의미를 잃습니다.

처음에는 조급한 마음 때문에 어색하게 느껴질 것입니다. 손과 팔을 마음먹은 대로 컨트롤할 수 있을 때까지는 조금 연습이 필요합니다. 이렇게 조용한 동작으로 무엇인가를 해본 적은 거의 없었을 것입니다. 자기 의지력의 모든 주의력을 집중하지 않으면 안 됩니다. 그러면 지금까지 경험하지 못했던 조용함이 당신의 것이 되었다는 사실을 느끼게 될 것입니다. 당신은 서서히 새로운 힘을 손에 넣게 됩니다. 자신이 얼마나 충동적이고 침착하지 못했는지, 그리고 의지를 사용함으로 해서 어떻게 조급함을 컨트롤할 수 있는지 확실하게 이해할 수 있을 것입니다.

◆ 둘째 날 오후 10시.

카드를 내려놓는 속도가 느려지기 시작합니다. 연습하면 빨리 내려놓을 수 있게 된다는 것은 알고 있습니다. 그러나 당신은 천천히 내려놓아야 하기 때문에 자신을 관찰해야만 합니다. 차분하고 느린 동작은 사람을 지치게 만듭니다. 속도를 내고 싶다는 욕망을 이겨야 합니다. 곧 마음먹은 대로 빠르게도 느리게도 할 수 있게 될 것입니다.

◆ 셋째 날 오후 10시.

아직 천천히 내려놓는 것은 어렵다는 생각이 듭니다. 당신의 의지는 빨리 움직이라고 당신을 재촉합니다. 당신이 충동적인 사람이라면 더욱 그럴 것입니다. 충동적인 사람은 무엇이든 천천히, 신중하게 하지 못합니다. 성격에 맞지 않기 때문입니다. 하지만 한 번 해보면 아주 기분이 좋은 것이라는 사실을 알게 됩니다. 자신이 하고 싶지 않은 일임에도 불구하고 훌륭하게 해냈다는 경험이, 내키지 않는 일에도 집중하는 방법을 가르쳐 줍니다. 이와 같은 사실을 기록해놓으면 커다란 도움이 됩니다.

◆ 넷째 날 오후 10시.

기록 노트 기입 예:

카드를 아주 반듯하게 놓을 수 있게 되었습니다. 하지만 밑의 카드와 완전히 겹쳐지지 않은 카드가 한 장 있습니다. 조금 주의가 부족한 면이 있었으니 주의해야겠습니다. 자신의 의지에 좀 더 집중하라고 명령하겠습니다. 의지를 자신의 컨트롤 하에 두는 것은 그다지 어려운 일이 아닌 듯합니다.

◆ 다섯째 날 오후 10시.

기록 노트 기입 예:

차분하지 못한 동작을 억제하고 천천히 확실하게 카드를 놓을 수 있게 되었습니다. 저는 **빠른** 속도로 차분함을 익혀가고 있습니다. 날이 지날수록 내 의지를 컨트롤하는 힘이 강해져, 의지는 나의 동작을 완전히 컨트롤하고 있습니다. 이렇게 해서 나의 것으로 만든 의지의 힘을 놓칠 수는 없습니다. 이것은 매우 뛰어난 훈련입니다. 틀림없이 제가 과제를 달성하는 데 도움이 될 것입니다.

◆ 여섯째 날 오후 10시.

기록 노트 기입 예:

의지의 멋진 가능성을 느끼기 시작했습니다. 이 훈련은 의지의 힘에 대해서 생각하는 강인함을 부여해줍니다. 저는 예전보다 많은 일을 솜씨 있게 처리할 수 있게 되었으며, 의지의 움직임을 컨트롤할 수 있다는 사실도 알게 되었습니다. 어떤 과제가 앞에 있든 제 의지는 거기에 집중합니다. 그리고 과제를 달성할 때까지 의지를 거기에 집중시킵니다. 제가 해야 할 일을 면밀하고 명확하게 결정할수록 의지는 그것을 더욱 쉽게 실행해줍니다. 결정이 의지의 추진력으로 작용하기 때문에 의지의 힘이 더욱 강해집니다. 의지와 목적은 서로가 서로에게 작용을 합니다.

◆ 일곱째 날 오후 10시.

드디어 마지막 날입니다. 오늘은 무엇이든 빨리 합시다. 초조해 하거나 긴장해서는 안 됩니다. 모든 것을 빨리 그리고 차분한 태도로 하도록 노력합시다.

훈련을 통해 연습한 '느린 동작'이 신경을 차분하게 해주어 빠르게 움직이는 것도 가능해졌다는 사실을 알게 될 것입니다. 의지는 당신 뜻대로 움직입니다. 당신의 결정을 신속하게 수행하도록 합시다. 이렇게 해서 자제력이 몸에 배어갑니다. 그 결과 인간의 몸이라는 기계가 주인의 명령대로 움직이게 됩니다.

자신을 관찰해서 글로 적어보는 것이 얼마나 커다란 효과가 있는 일인지 당신도 이제 아셨을 것입니다. 물론 여기서 든 예와 완전히 똑같은 경험을 하지는 않겠지만 얼마간은 당신에게도 해당이 될 것입니다.

훈련 중에 자신이 경험한 것을 주의 깊게 관찰하여 가능한 한 있는 그대로 기록하시기 바랍니다. 그때의 기분을 느낀 그대로 적읍시다. 공상으로 기록을 각색하면 의미가 없는 것이 되어버리고 맙니다. 당신이 본 대로 당시의 상황을 묘사하십시오.

몇 개월 뒤에 같은 훈련에 도전해보면 당신의 글은 훨씬 더 좋은 것이 될 것입니다. 이러한 방법으로 자신을 바라보면 자신에 대해서 잘 알게 되고, 그 지식을 사용하면 이전과는 비교할 수 없을 만큼 능률적으로 움직일 수 있게 됩니다. 글을 쓰는 것에 익숙해져감에 따라서 정확하게 기록할 수도 있게 됩니다. 그리고 자신의 충동, 행동, 약점을 컨트롤하는 방법을 익혀가게 됩니다.

주의할 점은, 각각 자신의 사정에 맞는 훈련 계획을 세워야 한다는 점입니다. 훈련을 매일 하기 어렵다면 일주일에 두세 번 하도록 합시다. 단, 하기로 결정한 계획은 반드시 실행해야 합니다. 하루에 10분 동안 훈련에 집중하기 어렵다면 5분에서부터 시작해서 서서히 시간을 늘려갑시다. 여기서 소개한 계획은 어디까지나 일례에 지나지 않습니다.

그 외의 훈련에
도전!

일부러 시간을 내서 훈련을 하고 싶지는 않다고 생각하는 분도 많으실 것입니다. 여기서부터의 충고는 그런 분들을 위한 것입니다.

당신이 무엇인가를 바라고 그것을 실현함으로 해서 의지는 성장합니다. 따라서 당신이 많은 것을 바랄수록 의지는 성장하고 힘을 더해갑니다. 의지를 강화하기 위해서 크든 작든 반드시 과제를 전부 달성하도록 하십시오.

달성해야 할 목적에 의지의 힘을 남김없이 쏟아 붓는 것을 연습하도록 합시다. 이 방법으로 일을 해내는 습관, 계획을 수행하는 습관을 익힐 수 있습니다. 눈앞의 일이 어떤 것이든 나는 해낼 수 있다는 생각이 몸에 배게 되는 것입니다. 다른 방법으로는 손에 넣을 수 없는 자신감과 힘이 당신의 것이 됩니다. '무엇인가를 결심하면 나는 반드시 그것을 지키겠다. 나는 새로운 과제에 어설픈 마음으로 임하지 않고 언제나 대담하고 용감한 마음가짐으로 임하겠다.'고 확신할 수 있게 됩니다.

의지는 커다란 장애물 너머로 우리를 데려갑니다. 따라서 우리는 어떤 장애물에 의해서도 희생되지 않습니다. 우리에게는 의지가 있으며 그것을 마음껏 사용함으로 해서 결의를 강화하고 행동을 자유롭게 컨트롤할 수 있기 때문에 수준 높은 인생을 보내게 됩니다.

만약 기회가 온다면 그때 의지를 단련하자고 생각해서는 안 됩니다. 명확한 과제를 통해서가 아니면 힘차고 끈기 있으며 언제라도 도움이 되는 강한 의지를 손에 넣을 수 없습니다. 그것은 자신을 알고, 자신을 단련하는 것을 통해서만 실행할 수 있는 것입니다. 노력과 시간, 인내력이라는 대가를 지불해야 하지만, 커다란 보답을 받게 됩니다. 의지를 단련해주는 마법과도 같은 방법은 없습니다. 하지만 의지의 훈련을 실행하면 자제심, 인간적인 힘, 힘에 넘치는 인격이 당신의 것이 되는 기적을 맛볼 수 있습니다.

성공하기 위한
의지의 집중법이란?

비즈니스 환경에 대한 적응능력이란, 결의의 문제 이외에 그 무엇도 아닙니다. 지금은 적성에 대해서 많은 이야기가 오가는 시대입니다. 사람의 적성이나 힘의 일부를 상당한 수준까지 끌어올릴 수는 있을지 모르겠습니다. 하지만 모든 잠재적인 힘을 가능한 한 높은 수준으로 끌어올리기 전까지 그 사람의 소질은 미지의 것입니다. 어떤 분야에서는 실패를 했지만 다른 분야에서는 대성공을 거둘 가능성도 있는 것입니다.

성공을 거둔 사람들 중에도 처음에 손을 댄 일에서는 성공하지 못한 경우가 아주 많습니다. 그들은 다른 방향으로 노력을 거듭해서 이익을 얻어 그것을 발판으로 더욱 상승한 것입니다. 만약 그들이 환경에 순응하기를 거부했다면 진보의 물결에 휩쓸려 오늘날의 그들은 존재하지 않았을 것입니다.

어떤 일을 할 때나 제가 품는 목표는 오직 한 가지입니다. 그것은 '자신의 능력을 최고로 끌어올리고, 최고의 가능성을 이끌어내기 위해 노력하자.'는 결의를 사람들에게 불러일으키는 것입니다. 무엇보다도 먼저 알아 두시기 바라는 점은, 중요한 것은 능력이 아니라 하겠다는 의지라는 점입니다.

세상은 능력으로 넘쳐나고 있지만, 솔선해서 그것을 통합하는 힘과 창조력은 충분하다고 할 수 없습니다. 즉, 종업원은 얼마든지 구할 수 있지만 그들을 훈련할 사람을 찾기는 그리 간단하지 않다는 뜻입니다. 종업원은 각자 능력에 맞는 자리에 배치할 필요가 있습니다. 일을 하면서 어떻게 에너지를 유지할 수 있는지, 그리고 대부분의 기업은 하나의 사풍을 가지고 있는 법이니 그 속에서 다른 종업원과 어떻게 협조하면 되는지를 가르쳐야 합니다. 그것을 담당할 사람이 필요한 것입니다.

내부의 추진력에
집중하자.

우리는 누구나, 늘 좋은 행동을 하도록 권하는 추진력이 자기 내부에서 작용하고 있다는 사실을 의식하는 경우가 있습니다. 이 추진력이라는 '힘' 이 있기 때문에 사람은 무엇인가 훌륭한 일을 해봐야겠다는 결의를 하게 되는 것입니다. 이 힘은 생각도 아니고, 감정도 아니며, 감각도 아닙니다. 그런 것과는 전혀 다른 것입니다.

그것은 영혼의 본질이기 때문에 그것 자체의 의식을 가지고 있습니다. '나는 할 수 있다.' 는 의지를 가지고 집중할 수 있도록 하는 것이 바로 이 힘입니다. 과제를 달성하도록 하는 이 힘이 자신의 내부에서 작용하고 있다는 사실을 많은 사람들이 느끼고 있습니다. 우수한 사람이라면 누구나 이 강력하고 지고한 힘이 커다란 결단을 실행하는 데 힘이 되어준다는 사실을 의식하게 됩니다.

이 추진력은 누구에게나 있는 것이지만 어떤 단계까지 가지 못하면 깨달을 수가 없습니다. 이 힘을 활용할 줄 아는 사람은 우수한 사람입니다. 이것은 아무런 훈련을 하지 않아도 자연스럽게 솟아나는 것으로 가만히 찾아왔다가 가만히 사라져버립니다. 우리는 이 힘의 정체를 알 수 없습니다. 알고 있는 것은 올바르고 조화를 이룬 행동을 하도록 의지가 우리에게 요구하는 것을 지원한다는 사실뿐입니다.

당신은 자신보다 많은 것을 알고 있는 사람들과 이야기를 나누려고 합니까? 그리고 그들에게 자신이 알고 있는 것을 이야기하려 하지 않고 그들의 이야기를 들으려 하고 있습니까?

하루하루 똑같은 생활에서 벗어나지 못하는 오륙십 대가 많은데 소모되고 있는 그들의 에너지를 폭발시켜줄 불꽃을 찾아내기만 한다면 누구나 그와 같은 생활에서 벗어나 성공한 사람들의 반열에 오를 수 있게 됩니다.

누구나 자신의 문제를 숙고해서 해결해야만 합니다.

집중력의
중요성에 대해서

인생의 기회를
마음껏 즐기시기 바랍니다.

　이 책을 마치기에 앞서서 다시 한 번 집중력의 측량할 수 없는 가치에 대해서 언급하도록 하겠습니다. 왜냐하면 이 위대한 힘이 부족한 사람, 혹은 단련하지 않은 사람들은 대체로 가난과 불행에 괴로워하는 인생의 낙오자가 되어 있지만, 반대로 집중력을 단련하여 사용하는 사람은 인생의 기회를 최대한으로 즐기고 있기 때문입니다.

　이 책의 레슨이 실용적인 것이 되도록 노력했습니다. 많은 독자들이 그렇게 생각할 것이라고 확신하고 있습니다. 물론 각 레슨을 그저 읽기만 해서는 그다지 도움이 되지 않습니다. 훈련을 실행하고 당신 개인의 상황에 맞춰 응용해야만 집중하는 습관이 배고 일이 순조롭게 풀리고 행복한 생활을 맞이할 수 있을 것입니다.

　잊지 말아야 할 것은, 어떤 충고든 당신이 실행에 옮기지 않으면 아무런 도움도 되지 않는다는 점입니다. 제가 발견한 좋은 방법을 가르쳐드리도록 하겠습니다.

책을 한 번 통독한 다음 다시 한 번 읽으면서 눈에 띄는 부분이 있으면 읽기를 멈추고 그것에 대해서 생각합니다. 그것이 자신에게 응용할 수 있는 것이라면 몇 번이고 몇 번이고 반복해서 읽어 마음에 새겨두도록 합니다. 이렇게 하면 읽은 것 속에서 도움이 되는 생각을 골라내는 습관이 생기며, 그렇게 해서 배운 것은 당신의 인격에 좋은 영향을 줄 것입니다.

자신의 일, 생명력, 정신력을 마음대로 할 수 있는 습관이 몸에 밸 때까지는 무의식적으로, 혹은 타성에 의해서 일을 하는 것이 아니라 집중해서 하기 위해 노력하시기 바랍니다.

기회는 모든 사람들의 문을 두드립니다.

무슨 일인가를 시작할 때 최대의 문제는 그것에 대해서 생각한다는 것입니다. 얼른 시작을 해버리면 그렇게 힘들지만도 않다는 사실을 알게 되는 법입니다. 이는 집중력을 배우기 시작할 때 많은 사람들이 경험하는 일입니다. 그러니까 집중하는 것은 어렵다고 생각하지 말고 '어쨌든 시작하자.' 는 정신으로 임하면 의외로 간단히 할 수 있으며, 실생활에 응용해서 도움이 되게 할 수도 있습니다.

위인이라 불리는 사람들의 전기를 읽어보면, 그 사람들을 성공으로 인도한 주요한 소질은 집중하는 능력이라는 사실을 알 수 있습니다. 반대로 실패하는 사람들을 관찰해보면 집중력의 결여가 실패의 원인이라는 사실을 알 수 있습니다.

'한 번에 한 가지씩 해나가면 반드시 완성할 수 있다. 그것이 내가 알고 있는 틀림없는 법칙이다.'

모든 사람들이 같은 힘을 가지고 태어나는 것은 아니지만 중요한 것은 힘을 어떻게 사용하는가 하는 것입니다. '기회는 모든 사람들의 문을 두드린다.' 는 말이 있습니다. 성공하는 사람은 문을 두드리는 소리를 듣고 기회를 잡습니다. 실패하는 사람은 행운과 환경 모두가 자신을 저버렸다고 생각합니다. 성공하지 못하는 원인이 자신에게 있다는 사실을 인정하려 들지 않고 언제나 다른 사람을 탓합니다.

사람이 자신의 것으로 삼을 수 있는 것은 손이 닿는 범위 안에 있는 것뿐입니다. 그리고 우주에 있는 것은 모두 우리의 손이 닿는 곳에 있습니다. 당신의 잠재능력을 사용하기만 하면 바로 손에 넣을 수 있습니다. 당신이 '이것을 하자.', '이렇게 되고 싶다.' 는 생각에 집중하면 눈에 보이는 힘과 눈에 보이지 않는 힘 모두가 당신을 돕습니다.

집중력이 하나도 없다면 아무런 말도 할 수 없고 아무런 일도 할 수 없기 때문에 누구나 어느 정도의 집중력은 가지고 있는 것입니다. 그렇다면 집중력의 개인차는 어디서 오는 것일까요?

집중력이 부족한 사람은 어떤 생각을 필요한 시간만큼 마음속에 머물게 하는 강한 의지가 부족한 사람입니다. 그리고 강한 의지는 얼마나 강한 결의를 가지고 임하느냐에 달려 있습니다. '그 누구도 나보다 강한 의지를 가지고 있지는 못하다.' 강한 라이벌을 대할 때는 언제나 이렇게 생각하도록 하십시오.

'오늘은 집중 못하겠다.'는 금물입니다.

'집중하자.'고 말한 순간 집중할 수 있습니다. 팔을 컨트롤할 때처럼 생각이 산만해지는 것을 억누를 수 있습니다. 이 사실을 깨닫기만 하면 모든 원하는 것에 의지를 집중시킬 수 있습니다.

만약 산만해진다면 그것은 당신의 책임입니다. 당신이 자신의 의지를 완벽하게 사용하지 못한다는 증거입니다. 의지가 약한 탓이라고 책임을 의지에게로 돌려서는 안 됩니다. 의지는 단지, 자신의 의지에 대한 당신의 견해를 반영하고 있는 것일 뿐입니다.

자신의 의지가 강하다고 생각하고 행동할 때 사람은 '나는 할 수 있다.'고 말합니다. 의지가 약하다고 생각하고 행동할 때는 '나는 못한다.'고 말합니다. 하지만 어떤 마음가짐으로 일에 임하든 기울여야 하는 노력의 양은 같습니다.

세상에는 '나는 못한다.'고 생각하는 습관에 빠져버린 사람들이 있는데 그런 사람들은 실패를 합니다. '나는 할 수 있다.'고 생각하는 사람은 성공합니다. '나는 할 수 있다.'고 생각하는 사람들 사이에 들어갈지, '나는 못한다.'고 생각하는 사람들 사이에 들어갈지 그것을 결정하는 것은 당신이라는 사실을 잊지 마시기 바랍니다.

많은 사람들이 범하는 과오는 '나는 못한다.'고 말할 때, 사실은 '해볼 마음이 없다.'고 말하는 것이라는 점을 깨닫지 못한다는 것입니다. 해보지 않고서는 자신이 무엇을 할 수 있는지 알 수 없는 법입니다. '할 수 없다.'는 '할 마음이 없다.'는 의미입니다. '나는 집중하지 못한다.'고는 말하지 마십시오. 그것은 '나는 집중하기를 거부한다.'고 말하는 것과 같은 것입니다.

'나는 못한다.'고 말하고 싶어졌다면 그 대신 이렇게 말합시다. '내게는 무진장한 의지가 있으며 원하는 만큼 얼마든지 사용할 수 있다.' 사용할 수 있는 의지의 양은 당신이 의지를 사용하는 법을 얼마나 훈련했느냐에 달려 있습니다.

실험해봅시다. 오늘 밤 잠자리에 들기 전에 이렇게 반복해보십시오. '나는 자신이 생각할 것을 선택, 자신이 결정한 시간만큼 그 생각을 마음에 품고 있겠다. 선택한 생각을 약하게 하거나 방해하는 생각은 전부 차단하겠다. 내 의지의 강함은 결코 다른 사람에게 뒤지지 않는다.' 이튿날 출근할 때도 이것을 반복하십시오. 일개월간 이것을 계속하면 지금보다도 자신에 대한 자신감이 훨씬 더 생길 것입니다. 이것이 성공하기 위한 요령입니다. 언제나 굳건히 지키도록 하십시오.

집중력이란 무엇인가를 하고 싶다는 의지 이외의 그 무엇도 아닙니다. 쓸데없는 생각은 하지 않겠다는 의지를 가져야만 실제로 몰아낼 수 있습니다. 자신의 마음을 컨트롤할 줄 알아야만 비로소 자신의 가능성을 깨달을 수 있습니다. 그리고 이전에는 무의식적으로 하던 일을 의식적으로 하게 됩니다. 그렇게 함으로 해서 자신이 범하고 있는 잘못을 깨닫고, 악습을 끊고, 자신의 행동을 완전히 파악할 수가 있습니다.

용기를 필요로 하는 입장에 놓이게 돼서야, 나도 의외로 용기가 있는데라며 스스로도 놀란 경험은 당신에게도 있을 것입니다. 용기라는 것은 일단 자각하기만 하면, 어떤 용기를 갖게 하는 특별한 기회가 없더라도 늘 자신과 함께 한다는 사실을 알 수 있습니다.

제가 이 말을 강조하는 것은 긴급사태에서 당신이 보여주는 것과 같은 용기, 그 같은 결의를 늘 당신 생각대로 할 수 있다는 사실을 깨닫기 바라는 마음에서입니다. 그것은 당신이 가지고 있는 방대한 능력의 일부입니다. 당신의 인생을 가능한 한 멋진 것으로 만들기 위해서 아낌없이, 그리고 잘 사용하도록 합시다.

집중력에 대한 마지막 충고입니다.

충실하고 행복하고 가치 있는 인생을 보내기 위해서는 집중력이 필요하다는 사실을 이제 아셨을 것입니다. 그를 위한 훈련과 필요한 충고도 해드렸습니다. 이제부터는 당신에게 달려 있습니다. 지금 당신에게 있어서 최고의 이념을 갖고, 그 이념을 지키며, 기르는 것이 당신이 해야 할 일입니다. 하찮은 책을 읽으며 시간을 헛되이 낭비하지 마십시오. 좋은 자극을 주는 것을 선택해서 읽고 자신을 향상시켜서 훌륭한 생각을 가지고 있는 사람들 사이에 들어가도록 합시다. 그들의 강한 정신력이 당신을 자극하고 계몽할 것입니다.

읽고 있는 것에 집중하여 천천히 읽도록 노력하시기 바랍니다. 당신의 영혼과 쓴 사람의 영혼을 교류시키면, 말로 표현할 수 없는 멋진 것을 행간에서 느낄 수 있을 것입니다.

　일정 시간, 오직 한 가지 대상에만 주의를 기울이면 곧 집중력이 생기게 됩니다. 목적을 달성할 때까지 늘 그 생각을 머릿속에 지니도록 합시다. 일을 할 때는 눈앞의 일에 가만히 마음을 고정시킵시다. 입을 열기 전에 먼저 가만히 생각해보고, 이야기하고 있는 내용에 대한 생각을 말하도록 합시다. 생각 없이 적당히 말해서는 안 됩니다. 천천히, 차분하고 일관성 있게 얘기하도록 하십시오.

　조바심을 내지 말고 모든 일을 신중하게 처리합시다. 손가락 하나 까닥하지 않는, 눈 하나 깜빡하지 않는 차분한 태도를 늘 염두에 둡시다. 같은 주제에 대해서 일관되게 이야기하고 있는 책을 읽읍시다. 긴 기사를 읽은 뒤, 논의의 흐름을 떠올려봅시다. 차분함과 근성과 끈기를 가지고 생각하고, 행동하고, 일하는 사람들과 사귑시다. 얼마나 오랜 시간 가만히 앉아서 한 가지 생각을 계속할 수 있는지 시험해봅시다.

자신의 힘의 양만큼
행복해집니다.

　시간은 쉴 새 없이 흐릅니다. 하루가 지날 때마다 당신이 이 세상에서 보낼 날이 하루씩 줄어듭니다. 대부분의 사람들은 외적인 환경만을 컨트롤하려 합니다. 그렇게 하는 것이 자신의 성공과 행복을 좌우하는 것이라고 생각하고 있습니다. 물론 외부의 상황도 중요하며, 중요하지 않다고 생각해서는 안 됩니다.

하지만 죽음을 맞이했을 때 우리가 가지고 갈 수 있는 것은 뛰어난 인격과 행동, 정신이라는 자신의 내부에 있는 선천적, 후천적 자질입니다. 만약 당신이 그런 자질을 갖추고 있다면 성공하지 못할까, 행복해지지 못할까 걱정할 필요가 없습니다. 그 자질을 사용해서 외부의 상황을 만들어나갈 수 있기 때문입니다.

자신에 대해서 압시다. 자신의 강점을 발견해서 더욱 연마하고, 그와 동시에 자신의 약점을 발견해서 강점으로 바꿔가도록 합시다. 주의 깊게 자신을 바라보면 참된 자신의 모습이 보입니다.

목표 달성의 비결은 집중력, 다시 말하자면 한순간에 한 곳에만 모든 힘을 쏟아 붓는 기술에 있습니다.

자신을 주의 깊게 관찰하면 자신에 대해서 잘 알 수 있으며, 내면을 올바르게 재조정할 수 있습니다. 절대로 잊지 말아야 할 것은 올바로 생각하고, 올바로 살아가면 반드시 행복해진다는 사실입니다. 즉, 당신은 자신의 힘만큼 행복해질 수 있는 것입니다. 행복하지 못한 사람들은 모두 타고난 권리를 포기하고 있는 것과 같은 것입니다.

언젠가 자신이 이 세상을 떠날 날이 온다는 사실을 잊지 말고, 무엇을 가지고 갈까를 생각해보십시오. 이것은 보다 숭고한 힘에 집중할 수 있는 좋은 기회입니다. 지금 이 순간부터 무엇을 할 때나 숭고한 자신의 충고에 따라서 행동하도록 합시다. 만약 실행한다면 숭고한 자신의 조화에 넘치는 힘으로 당신 인생의 목표를 전부 달성할 수 있을 것입니다.

기품 있는 충고를 배반하고 싶다는 유혹을 느낀다면 다음과 같이 생각하도록 하십시오.

'숭고한 나의 목소리에 따라 행동하면 내가 하는 일은 모두 사람들에 대해서 성실한 것이 될 것이며, 나는 그것에 커다란 기쁨을 느낄 것이다.'

당신에게는 잠재적인 재능이 있으며, 그것을 연마하고 활용하면 당신과 타인 모두에게 도움이 됩니다. 그러나 적절하게 이용하지 못한다면 그것은 방임이며, 당신은 낙오자가 되어 괴로운 삶을 살아가게 될 것입니다. 당신이 자신의 의무를 수행하지 않음으로 해서 당신 외에도 괴로움을 당하게 되는 사람이 생겨나게 됩니다.

생각의 힘을 행동에 쏟아 부으면 계획의 수행을 원활하게 해주는 법칙의 뛰어난 가치를 알게 됩니다. 마지막으로 승리하는 것은 올바른 일입니다. 당신은 우주의 장대한 계획을 수행하는 데 일조하여 보수를 받을 수도 있고, 장대한 계획을 거슬러 괴로운 인생을 보낼 수도 있습니다.

모든 것을 살라버리는 시련의 불꽃은 조화를 깨는 요인을 서서히 정화

해갑니다. 당신이 이 법칙에 거스르는 길을 택한다면 시련의 불꽃에 타버리게 될 것입니다. 따라서 숭고한 자신과의 조화에 집중하기에 지성을 가지고 전념하시기 바랍니다. 다음과 같은 생각을 언제나 마음속에 품고 있기 바랍니다.

'최선의 결과를 목표로 살아가자. 지혜와 자각, 행복, 다른 사람을 돕는 힘을 찾자. 숭고한 자신의 충고에 따라서 살아가는 내게는 최선의 것만이 찾아온다. 숭고한 자신의 존재를 강하게 의식함으로 해서, 나의 외부에 있는 하찮은 일이나 결점을 생각하느라 시간을 낭비하지 말고, 완전하고 신성한 인간의 정신을 진정으로 체현하는 사람이 되기 위해 노력해야 한다. 외부의 상황에 과대한 가치를 두지 않기 위해서 나는 누구인가에 대한 참된 개념을 발견할 필요가 있다. 그렇게 할 수 있다면 다른 사람이 물질적인 풍요로움을 자랑하는 무지한 짓을 해도 나의 존엄성이나 자존심을 잃지 않을 수 있다. 자신이 영원불변한 존재라는 사실을 깨달은 사람만이 참된 자신이 무엇인지를 알고 있다.'

① 아침에 일어나서 그날 하루, 얼마나 냉정함을 유지할 수 있는지를 실험해 본다.

② 의지의 힘을 단련하면 할수록 의지가 만드는 길은 보다 높은 곳으로 연결된다.

③ 두려움을 모르는 사람과 두려움에 시달리는 사람의 유일한 차이점은 그사람의 의지이자 희망에 달려 있다.

④ '무엇을 하고 있을 때든 그때 하고 있는 일만을 생각하도록 할 것.'

⑤ 부정적인 마음이 들 때는 '공감의 법칙'이 일어난다.

⑥ '무엇을 하고 있을 때는 그때 하고 있는 일만을 생각한다.'

⑦ 인내심 강한 정신은 '성공의 열쇠'다.

⑧ 천재란 어떤 노고도 아끼지 않고 작은 일들을 계속해나가는 단호한 의지를 가진 사람이다.

① 신경을 소모하게 만드는 범인은 일이 아니라 불안정한 상태에서 오는 초조함과 고민, 불안이다.

② 그 어떤 위업도 처음에는 비전에 지나지 않지만, 마음속에서 세부의 모습이 더해져 명확한 아이디어로 발전, 실현되는 것이다.

③ 용기는 성공에 없어서는 안 될 요소다.

④ 좌절하는 사람들이 많은것은 자신의 능력에 의심을 품기 때문이다.

⑤ 용기 이외에 장애를 극복할 수 있게 해주는 것은 아무것도 없다.

⑥ 성공의 커다란 비결→ 결심했다면 실행할 것.

⑦ 기회를 살릴수 있는 자질을 자신의 인간성에 더해갈 것.

⑧ 집중력을 기르기 위한 훈련 1~19를 실행할 것.

윌리엄 워커 앳킨슨 (Willam Walker Atkinson) 옮김

인간 정신 속에 있는 커다란 가능성에 대해 여러 방면으로 연구하여 많은 저작을 남겼다.
1862년, 미국 메릴랜드 주에서 태어난 그는 법학을 전공하여 변호사가 되었으나, 스트레스로 인해 심신의
건강을 해치고 경제적으로도 파탄한 후, 그것이 계기가 되어 신사상(New Thought) 운동과 조우하게 되었다.
저작물의 내용에 따라 다양한 펜네임을 사용했으며 기억력, 차크라, 세일즈 법, 인간관계 등 폭넓은 주제로
생전에 100권 이상의 저서를 남겼다.

집중력 수업

2019년 5월 20일 1판 1쇄 인쇄
2019년 5월 25일 1판 1쇄 발행

펴낸곳 | 파주 북스
펴낸이 | 하명호
지은이 | 윌리엄 워커 앳킨슨
옮긴이 | 편집부
주   소 | 경기도 고양시 일산서구 대화동 2058-9호
전화 | (031)906-3426
팩스 | (031)906-3427
e-Mail | dhbooks96@hanmail.net
출판등록 제2013-000177호
ISBN 979-11-86558-21-8 (03320)
값 13,000원

- 값은 뒷표지에 있습니다.
- 잘못 만들어진 책은 구입하신 서점에서 바꿔 드립니다.